Ringrazio le persone che con il loro lavoro di editing e rilettura hanno reso possibile la pubblicazione di questo libro, 'Corvo' e 'Billy'.

Immagine di copertina e grafica di Elisar Kinj

Agenda 2030,
Una rivoluzione colorata

Prima edizione novembre 2023

Codice ISBN: 9798867099541
Pubblicazione indipendente

Enzo Pennetta

Agenda 2030
Una rivoluzione colorata

Struttura del libro

Questo libro affronta una realtà che riguarda tutti, che ne siano consapevoli o no, è un testo che è stato pensato per essere una lettura di informazione sulla realtà del progetto dell'ONU denominato Agenda 2030 ma anche uno strumento di lavoro per chi fosse impegnato ad affrontare l'Agenda nel proprio ambito lavorativo o anche semplicemente per chi ne volesse discutere con le proprie amicizie.

La struttura del libro prevede un capitolo iniziale nel quale viene affrontata la storia e le implicazioni di questo programma delle Nazioni Unite che vien imposto, in misura maggiore o minore, a tutti i paesi del mondo.

Seguono diciassette capitoli corrispondenti ai "Goal" dell'Agenda dove il contenuto del documento ONU denominato appunto Agenda 2030, viene analizzato poi esposto così come formulato dall'ONU e infine esaminato in modo dettagliato.

Concludono delle considerazioni generali su come affrontare e contrastare questa Agenda che è un programma per affermare la globalizzazione e la Quarta Rivoluzione Industriale.

Il contrasto all'Agenda 2030

Dopo aver dato uno sguardo ravvicinato ai diciassette punti dell'Agenda 2030, si riesce a vedere con chiarezza che gli intenti dichiarati sono in realtà irraggiungibili. I goal rivelano di essere un nulla racchiuso dentro una confezione attraente della quale basterebbe solamente sollevare il coperchio per scorgerne la vacuità. E se la scatola è vuota, vuol dire che il prodotto in vendita è la scatola stessa.

Eppure questa "scatola vuota" viene insegnata, o meglio imposta, in tutte le nostre scuole dove centinaia di migliaia di insegnanti ogni giorno sono chiamati non solo a esporla, ma soprattutto spiegarla. Tuttavia, come in una rivisitazione della favola del Re nudo, molti di questi insegnanti guardano dentro la scatola e, dopo aver fissato il nulla, si dicono gli uni agli altri quanto sia bella e buona quest'Agenda.

Nessuno del resto può dubitare della bontà di un'iniziativa dell'ONU che viene addirittura fatta propria dal MIM, il Ministero dell'Istruzione e del Merito nato recentemente dalle ceneri del MI, il Ministero dell'Istruzione. Forse il merito a cui si riferisce il Ministero è quello di non porsi domande ed eseguire le direttive che provengono da organizzazioni non governative come la Fondazione Agnelli e la TreeLLLe e, in questo caso, persino dall'ONU.

In generale su un'agenda vengono scritti una serie di programmi stabiliti e impegni da rispettare, ma un'agenda non assicura che verranno raggiunti dei risultati, indica solo che si compiranno certe azioni. E così, mentre chi legge pensa ai risultati ad esempio come risolvere finalmente il problema della fame nel mondo, di fatto costui sta facendo proprie determinate idee e sta accettando determinati cambiamenti del nostro modo di vivere cioè quello che l'Agenda prescrive, cambiando, senza nemmeno accorgersene, il proprio stesso modo di pensare. Si innesca così un processo di acquisizione delle informazioni che potremmo definire "per osmosi" se non addirittura "subliminale".

Chi è preoccupato per questa operazione di trasformazione sociale e si pone il problema di come contrastarla, si rende conto di essere davanti a un'iniziativa supportata dai massimi livelli politici e finanziari e teme di soccombervi senza riuscire a fare molto per fermarla. I soggetti coinvolti sono di primissimo piano, troviamo infatti l'ONU, il MIM, la quasi totalità delle testate giornalistiche, piattaforme social e influencer di ogni livello sono solo la parte visibile di un sistema a cui si oppone come unica resistenza il singolo cittadino o piccole associazioni. La sproporzione delle forze in campo è tale da essere in grado di scoraggiare chiunque. Eppure è proprio la citata favola del Re nudo a mostrare quale sia la realtà: l'azione di un potere politico supportato da un'intera corte accademica e giornalistica con il favore di una folla acclamante, può essere fermata anche da una singola persona, da una voce tra le tante che richiamando alla realtà punta il dito contro il sovrano e grida "il Re è nudo".

Ciascuno può essere quella voce nel contesto in cui si trova a lavorare e vivere. Ovviamente una posizione particolarmente efficace per far sentire la propria voce è quella di chi si trova nei luoghi in cui l'argomento viene trattato ufficialmente come ad esempio la scuola dove l'Agenda è diventata un programma obbligatorio assumendo tutti i connotati di una nuova Educazione Civica. Va anche evidenziato il fatto che la scuola, oltre a essere il luogo privilegiato per parlare dell'Agenda, è anche l'unico in cui se ne parla veramente perché in altri ambiti l'Agenda non viene di fatto nominata.

L'Agenda 2030 è una subdola presenza strisciante che permea ogni aspetto della vita sociale senza farsi notare. Se non fosse che proviene dall'ONU e viene inserita nei siti istituzionali, la sua esistenza potrebbe essere considerata dai fact checkers come una fake news.

In accordo con quanto detto sopra, insegnanti e genitori possono contrastare in modo efficace l'Agenda semplicemente mostrandola per quello che è. Basta leggere a ritmo sostenuto il punto 1.a del primo goal per mostrare quanto questo sia unicamente un vuoto giro di parole privo di un vero significato. Ovviamente si dovrebbe poi essere pronti ad argomentare scendendo nei dettagli di ogni singolo "goal" e ogni singolo punto spiegando in modo chiaro quali sono le conseguenze di quanto scritto, cosa che l'Agenda stessa non fa. L'effetto di tale lettura è quindi del tutto paragonabile a quello delle frasi usate dai burloni protagonisti del film Amici miei; si può facilmente arrivare a paragonare il contenuto dell'Agenda 2030 alla proverbiale Supercazzola. L'effetto del "come se fosse antani" è davvero sorprendente!

Gli estensori dell'Agenda fanno leva solo su generiche formule e su un superficiale senso di responsabilità e spesso di colpa del lettore. Per mostrarne i difetti e le contraddizioni è necessario scendere nei dettagli non affrontati e in quello che la realtà dei fatti attualmente ci mostra, che è poi il proposito di questo mio scritto che potremmo a questo punto definire un vademecum all'Agenda 2030 e le sue diciassette sfumature di fuffa.

Agenda 2030

Il World Economic Forum ma in multicolor

L'agenda 2030 è un programma dell'ONU con il quale si intende risolvere nel decennio dal 2020 al 2030 i problemi dell'umanità. È un'iniziativa firmata da centonovantatre paesi del mondo e che non ha precedenti nella storia, ciononostante il programma è noto solo a una piccola parte della cittadinanza.

L'esistenza dell'Agenda è una realtà che permea il nostro mondo passando per lo più inosservata, tuttavia viene insegnata a scuola come una nuova "educazione civica" che però assomiglia molto di più a una nuova ora di religione. È una materia trasversale presentata come qualcosa di indubitabilmente giusto e alla quale non è possibile non aderire o non credere, un nuovo verbo parareligioso che denuncia le colpe dell'umanità e indica la strada dell'espiazione ma è una fede senza misericordia che non promette una salvezza finale. Nel migliore dei casi, possiamo sperare in una mitigazione della pena.

L'Agenda 2030 è un arcobaleno di colori che, come quello biblico, rappresenta la fine del vecchio mondo sotto il diluvio climatico e l'inizio di una nuova era di pace. È una scatola colorata e iridescente che dichiara di racchiudere la risposta a tutti i problemi del mondo, un vaso di Pandora al contrario che una volta aperto cambierà irreversibilmente in meglio il mondo. È come una moderna profezia apocalittica, una rivelazione secondo la quale nell'arco dei dieci anni che vanno dal 2020 al 2030, tutti i mali che affliggono il mondo verranno risolti.

L'Agenda è stata sottoscritta il 25 settembre del 2015, ma da allora tra i centonovantatre paesi dell'ONU che hanno aderito, molti non si sono mossi per attuarla. Trascorsi i primi tre anni del decennio interessato, la maggior parte degli aderenti ha già disatteso gli obiettivi in tema di diminuzione della povertà e di riduzione dell'inquinamento. I centonovantatre paesi non potevano non firmare perché l'Agenda propone obiettivi giusti e buoni, ma attuarla è un'altra cosa.

Dieci anni per cambiare profondamente il mondo sono veramente pochi e in più la scatola colorata dell'Agenda, una volta aperta, riserva una sorpresa: è vuota. Dentro non ci sono le soluzioni promesse, nessuna ricetta che permetta di risolvere i secolari problemi dell'umanità. Niente di tutto questo, al suo interno si trovano tanti bigliettini dei desideri e delle buone intenzioni, fogli scritti in un modo apparentemente esplicativo che si rivela però una scrittura ermetica che richiede un'interpretazione. Formule prive di una reale componente attuativa, indicazioni che quando si procede nella lettura mostrano chiaramente di non portare alla soluzione di nessuno dei problemi esposti. Chi apre la scatola colorata dell'Agenda ci trova una mappa che non conduce alla meta.

Ma nella realtà non esiste un percorso che non conduca a una meta, ci sono percorsi che non conducono dove si pensava perché terminano da un'altra parte, e allora quell'altra parte diventa la meta.

"Eterogenesi dei fini" è una locuzione coniata dal filosofo tedesco Wilhelm Wundt con la quale si indica come la storia non si compia secondo degli obiettivi prefissati ma come risultante di azioni che porteranno a conseguenze diverse da quelle che ci si proponeva. Le azioni dell'Agenda 2030 appaiono essere fin dall'inizio percorsi verso conseguenze diverse da quelle proposte, strade che non portano dove dicono. Ma dove conducono quindi i diciassette punti colorati dell'Agenda 2030?

Per capirlo la lettura diretta non aiuta. Le dichiarazioni che vengono fatte assomigliano a quelle false promesse elettorali usate dai demagoghi per ottenere il consenso ben sapendo che non potranno mantenerle. Ma agli elettori quei discorsi piacciono. Per capire allora in che direzione spingono le indicazioni dell'Agenda, è necessario analizzare in modo incrociato le azioni che da questa vengono indicate con le politiche e le iniziative effettivamente promosse dai paesi occidentali che sono i più entusiasti sostenitori dell'Agenda stessa.

Il quadro che ne esce è sorprendente: l'Agenda 2030 si rivela un protocollo internazionale per l'attuazione del processo di globalizzazione insieme al compimento della Quarta Rivoluzione Industriale, conosciuta anche come Industria 4.0. Questo termine fu introdotto per la prima volta in Germania alla Fiera di Hannover del 2011. Qualche mese dopo un gruppo di ricerca dedicato all'argomento venne presieduto da Siegfried Dais della Bosch GmbH e da Henning Kagermann dell' Accademia tedesca delle Scienze e dell'Ingegneria, che produssero poi un testo che sarebbe stato diffuso nel 2013 ancora alla Fiera di Hannover. Ma se queste sono le origini del termine, il massimo esponente della Quarta Rivoluzione Industriale è Klaus Schwab, il presidente del World Economic Forum, una fondazione nata in Svizzera nel 1971 e che ogni anno organizza a Davos, sempre in Svizzera, incontri tra i massimi esponenti della finanza, della politica e dell'economia in merito ad argomenti che vertono sui grandi problemi mondiali. Schwab è autore di un libro intitolato appunto *La Quarta rivoluzione industriale* la cui versione italiana è introdotta dalla prefazione di John Elkann. I punti fondamentali della Quarta Rivoluzione Industriale ruotano intorno alle estreme conseguenze della digitalizzazione ma, tenendo conto del fatto che già la Terza Rivoluzione Industriale era quella basata sull'avvento dei computer, sembra inappropriato parlare di "Quarta Rivoluzione Industriale" perché saremmo invece davanti al compimento della Terza. Di questo è consapevole lo stesso Schwab che nel suo libro risponde proprio a questa obiezione dicendo che si tratta di una "nuova rivoluzione" per via della velocità e della portata dei cambiamenti, ma pronuncia anche una frase molto più interessante: "la Quarta Rivoluzione Industriale non riguarda solo il 'che cosa fare' ma anche il 'chi siamo'". Secondo il presidente del WEF, si sta realizzando una trasformazione dell'identità umana. Questo sì che è un fatto senza precedenti, ma non si tratta di una rivoluzione industriale, siamo di fronte a una manipolazione di massa delle coscienze effettuata la quale l'umanità stessa ne uscirà cambiata: la Quarta Rivoluzione Industriale è la fine dell'umanità come l'abbiamo conosciuta.

Leggendo i punti fondamentali di cui parla Schwab nel suo libro, risulta evidente che la Quarta Rivoluzione Industriale è caratterizzata da un particolare sviluppo dell'informatica che diventa estremamente diffusa in ogni ambito modificando profondamente non solo l'economia ma la vita e il modo di pensare stesso delle persone. Fondamentale sarà una generalizzata integrazione fra sfera fisica, digitale e biologica dove il concetto stesso di "essere umano" dovrà essere messo in discussione.

Lo stesso Schwab ha scritto anche un libro intitolato *Il Grande Reset* nel quale sostanzialmente ha affermato che i cambiamenti drammaticamente imposti durante l'emergenza pandemica devono essere visti come delle opportunità. Tale affermazione ha un senso solamente perché si è trattato delle stesse soluzioni previste dalla Quarta Rivoluzione Industriale che sono state accelerate proprio dall'emergenza.

Lo smart working, gli spostamenti controllati e ridotti al minimo, l'uso di mezzi di trasporto elettrici, la sostituzione del contante con la moneta elettronica e anche la stessa tecnologia di vaccinazione a mRNA fino al controllo con il Green Pass, sono state tutte soluzioni proprie della Quarta Rivoluzione Industriale. La società ideale proposta dal presidente del WEF è stata dunque già anticipata in quel periodo, dal febbraio 2020 ai due anni successivi, che lui chiama "del Grande Reset".

Questa attuazione, seppur limitata, ha costituito un test di verifica delle soluzioni adottate e ancor di più delle reazioni sociali e politiche. Alla luce di quanto avvenuto, è emerso che una larga parte della popolazione è disposta a rinunciare a molte libertà in nome di una società dal volto apparentemente rassicurante. Attingendo da un paragone nel mondo animale, la società del "Reset" pandemico ha il volto del movimento delle Sardine, individui che vivono uniti ma, utilizzando un termine coniato dal filosofo Zygmunt Bauman, senza costituire un "corpo solido". Sono branco non gruppo, si muovono coordinati all'unisono seguendo un segnale diffuso dai media convinti che questo li possa salvare dal predatore di turno, che si tratti di una minaccia sanitaria o di una climatica, potenzialmente si muoveranno allo stesso modo di fronte a qualsiasi emergenza proposta, fosse anche una ipotetica invasione aliena.

La Quarta Rivoluzione Industriale vede individui isolati che "interagiscono" dalle loro abitazioni mediando il lavoro e lo svago attraverso dispositivi informatici. Lavoro e gioco, tutto viene svolto al computer per minimizzare gli spostamenti e il conseguente inquinamento ambientale. Ovviamente l'isolamento giova anche a una ipocondriaca profilassi delle malattie infettive che rendono la presenza degli altri esseri umani indesiderabile. La conseguenza effettiva sarà una massa di individui isolati e relegati nelle proprie abitazioni propensi a sfogare virtualmente la loro rabbia e frustrazione sui social media, piuttosto che aggregarsi nel mondo reale secondo le forme tradizionali della politica, nonché scendere in piazza a manifestare.

Il "pericolo comune" che dà poi corpo al tanto acclamato "bene comune", costituisce la spinta verso cambiamenti che altrimenti non verrebbero accettati. L'Agenda 2030 è lo strumento per una politica delle "emergenze", quel modo di ottenere i cambiamenti chiaramente spiegato dal Mario Monti in un discorso alla LUISS nel 2011: "Non dobbiamo sorprenderci che l'Europa abbia bisogno di crisi, e di gravi crisi, per fare passi avanti. I passi avanti dell'Europa sono per definizione cessioni di parti delle sovranità nazionali a un livello comunitario. È chiaro che il potere politico, ma anche il senso di appartenenza dei cittadini a una collettività nazionale, possono essere pronti a queste cessioni solo quando il costo politico e psicologico del non farle diventa superiore al costo del farle perché c'è una crisi in atto, visibile, conclamata".

In questo discorso del 2011, l'ex Premier Monti parlava di cessioni di sovranità nazionale, lo stesso vale anche per la cessione di sovranità personale, fino alla più estrema che è quella sul proprio corpo e su ciò che può essere fatto su di esso e dentro di esso, senza il consenso della persona. Un discorso come quello pronunciato da Monti, dove parafrasando dice al popolo italiano che la sua volontà non conta e che le decisioni devono invece essere imposte attraverso delle crisi, avrebbe dovuto suscitare una reazione decisa da parte della cittadinanza, invece è passato del tutto inosservato. La mancata reazione a discorsi di questo tipo è imputabile a più di una ragione. La principale può essere individuata nella destrutturazione dell'istruzione scolastica che avviene ormai da alcuni decenni con la relativa crescita dell'analfabetismo funzionale. Ad aggravare notevolmente l'incapacità di analisi critica del cittadino, contribuisce la colpevole assenza di un giornalismo super partes in grado non solo di denunciare gli abusi di potere e le scelte compiute a suo danno ma anche di colmare il deficit cognitivo di una gran parte della popolazione. Nel caso dell'Agenda 2030, esiste su di noi un pericolo comune e incombente che è costituito dall'emergenza climatica a sua volta strettamente connessa a una generica crisi ambientale causata dalla specie umana. L'umanità stessa, nei diciassette punti tematici, appare più come un problema da risolvere piuttosto che il soggetto beneficiario delle azioni auspicate dall'Agenda. La parola "sostenibile", comparendo ben cinquantatre volte nei diciassette punti dell'Agenda, ne è il vero motivo portante: i problemi dell'umanità e del pianeta (non necessariamente in questo ordine) dovranno essere risolti solamente in un'ottica subordinata alla sostenibilità. Questo significa che un problema anche grave la cui soluzione non soddisfi i requisiti della sostenibilità (necessariamente arbitrari) dovrà essere lasciato senza soluzione e apparentemente affrontato con provvedimenti inefficienti ma improntati proprio alla sostenibilità stessa.

Un calo consistente delle produzioni alimentari, agricole e degli allevamenti, è l'inevitabile conseguenza di questo approccio.[1] Ciò che propone l'Agenda 2030 è una strada verso un fallimento annunciato.
Dove porterà dunque il percorso delineato nei diciassette punti dettati dall'ONU?
Adottando una massima che ci sarà utile lungo tutta l'analisi che seguirà, dobbiamo dire che "se una cosa non serve a niente serve a qualcos'altro"[2], principio che in una versione più estesa potrebbe diventare "se una cosa non serve a niente, allora i cambiamenti da essa indotti diventano il suo scopo effettivo".
L'Agenda 2030 è solo una serie di buoni propositi non supportati da un'analisi dei problemi che s'intende risolvere e per questo motivo non otterrà nulla di quanto si prefigge, a partire dal punto numero **1 "porre fine ad ogni forma di povertà nel mondo"**: la povertà alla fine del decennio 2020 - 2030 non solo non sarà eliminata ma sarà aumentata e, a seguire, tutti gli altri problemi peggioreranno. Ma i cambiamenti che l'attuazione dell'Agenda provocherà resteranno e come già evidenziato, si tratterà della realizzazione della società della Quarta Rivoluzione Industriale.
Una rivoluzione che avrà poco di industriale e molto di sociale e politico. Sarà una rivoluzione politica al contrario, non saranno infatti le popolazioni a rivoltarsi contro le minoranze dominanti, saranno quest'ultime a realizzare un sistema di

---

[1] In nome della "sostenibilità" l'Unione Europea ha imposto nell'ottobre 2023 il divieto di coltivare per due anni consecutivi grano e mais nello stesso terreno, questo comporta un dimezzamento forzato della produzione di cereali.
Corriere della Sera 15 ottobre 2023: **Stop per un anno a grano e mais: così la Ue cambia le grandi pianure d'Italia**.
https://www.corriere.it/economia/consumi/23_ottobre_15/stop-un-anno-grano-mais-cosi-ue-cambia-grandi-pianure-d-italia-dcfae1a8-69d0-11ee-bbc5-4ad23a10b29e.shtml

[2] Cit. da Il Pedante

meccanismi sociali e tecnologici che rendano impossibile non solo le rivoluzioni, ma l'esercizio stesso della democrazia che dovrà finire per essere sostituita da una tecnocrazia scientifica spinta dalle emergenze. Un esempio pratico di quanto esposto si è verificato durante l'emergenza Covid con i DPCM motivati dalle indicazione del Comitato Tecnico Scientifico, scavalcando sia la discussione parlamentare che la Carta dei Diritti.

Ma non sarà neanche la "scienza" a determinare le future politiche mondiali, saranno le grandi società, le multinazionali che si sostituiranno ai parlamenti democraticamente eletti. L'Agenda 2030 delinea un mondo dove le leggi saranno di fatto dettate da grandi enti sovranazionali non elettivi. Nei diciassette punti si trova insistentemente un invito alla coordinazione tra imprese e territorio, ma in questa visione le aziende non solo devono essere coinvolte nelle scelte politiche ma le condizioneranno e determineranno con la forza dei loro capitali: è quello che viene definito lo "stakeholder capitalism".

La democrazia con tutti i suoi difetti sarà considerata un ricordo di un passato imperfetto, una tappa verso il governo dei tecnici e degli scienziati che però altro non saranno che i volti dietro cui celare le decisioni di un'oligarchia. Un anticipo di questa transizione dal governo della politica al governo delle multinazionali è possibile constatarlo con la nascita del gruppo del B20 (la comunità imprenditoriale globale) che dal 2010 affianca le riunioni del G20 (la comunità dei governi degli stati più sviluppati).

Al vertice del B20 del 2022 tenutosi in Indonesia, il capo della camera di commercio del paese ospitante ha fatto affermazioni che confermano questa tendenza:

"Per la prima volta nei dodici anni di storia del B20, la sinergia tra i settori pubblico e privato ha permesso al forum commerciale globale di sviluppare programmi che garantiranno che l'impatto del G20 indonesiano duri molto tempo dopo la sua presidenza".

A testimoniare il collegamento tra il B20 e il WEF nella prospettiva della fine della democrazia è stato un discorso di

Klaus Schwab nel quale ha confermato che non solo rinunceremo alla sovranità nazionale ma anche alle libertà individuali affidando tutte le decisioni agli "esperti".

Oltre alla Quarta Rivoluzione Industriale, c'è ancora qualcosa in questa realtà che viene delineata dall'Agenda 2030, un aspetto che si affaccia quasi di sfuggita nei punti **2** e **3**: parliamo del riferimento alla Conferenza di Doha o *D.Development Agenda*. A Doha vi fu il tentativo di ricomporre la frattura fra i paesi industrializzati e quelli poveri o emergenti dopo che, nella conferenza Intergovernativa del World Trade Organization (WTO) a Seattle nel 1999 sulla globalizzazione, si era capito che la conferenza stessa avrebbe sancito il consolidamento degli squilibri. Il modello di globalizzazione discusso a Seattle assomigliava molto a un modello neocoloniale. E proprio la protesta di Seattle ci fornisce un collegamento con il World Economic Forum perché i No Global avevano individuato nell'organizzazione presieduta da Klaus Schwab la struttura che indirizzava e sosteneva la globalizzazione. Fu infatti per questo motivo che nacque come elemento di contrapposizione il *Popolo di Seattle* che prese poi il nome di Movimento No Global e infine proprio di World Social Forum (WSF) e che simbolicamente decise anche di riunirsi nello stesso periodo nel quale il WEF si riuniva a Davos.

Il movimento No Global denunciava le conseguenze di quella che Francis Fukuyama proprio all'indomani della fine dell'Unione Sovietica aveva definito la "fine della storia". L'economia mondiale stava subendo il modello neoliberista e neocolonialista senza che ci fosse alcuna forza politica o sociale in grado di opporsi al crescente divario economico tra paesi ricchi e paesi poveri, oltre che tra cittadini ricchi e poveri all'interno dello stesso stato. Ha così inizio l'impoverimento anche dei paesi industrializzati le cui conseguenze sono attualmente sotto gli occhi di tutti.

Facendo riferimento a un altro testo fondamentale dell'epoca e cioè al libro di Samuel Huntington *Lo scontro di civiltà*,

l'avanzata trionfale del modello occidentale neoliberista trovava delle linee di resistenza fra cui quella No Global era una delle più pericolose. Dettata da una visione sociale e politica che poteva essere condivisa da paesi molto diversi culturalmente e basata su argomenti non religiosi ma socio economici, la posizione No Global costituiva una spina nel fianco.
Il susseguirsi degli eventi di quegli anni è fondamentale per comprendere quello che sarebbe successo in seguito. Dopo il WSF di Porto Alegre che si era svolto nel gennaio 2001, l'appuntamento più importante per la globalizzazione sarebbe stato l'annuale vertice del G8 nel quale i paesi più industrializzati decidevano e coordinavano la loro azione che in sostanza era la globalizzazione neoliberista e neoimperialista. Quell'anno il vertice si sarebbe svolto a Genova.

Il G8 del 2000 si era svolto in Giappone nell'isola di Nago, opportunamente al sicuro dal possibile afflusso dei manifestanti No Global. Per l'evento del luglio 2001 si abbandonò questa cautela e si optò per la città di Genova nonostante il 17 marzo precedente, nell'incontro del Global Forum a Napoli per discutere di sviluppo elettronico, si fossero verificati pesanti scontri tra i manifestanti e le forze dell'ordine che avevano effettuato delle operazioni molto discutibili, o meglio, avevano attuato delle vere e proprie tattiche finalizzate a innescare gli scontri. Il Presidente del consiglio era Giuliano Amato. All'episodio di Napoli fece seguito quello di Göteborg dove il 15 giugno si svolse un Consiglio Europeo con un incontro al quale partecipò la delegazione USA. Ancora una volta le manifestazioni pacifiche si trasformarono in scontri. Avevano fatto la loro comparsa gruppi di provocatori dalla provenienza non chiara che vennero denominati Black Bloc, il cui intervento violento giustificava sempre la repressione della polizia.
In questo clima di tensione si giunse quindi al G8 di Genova programmato dal 19 al 22 luglio 2001. Il Presidente del consiglio era nel frattempo diventato Silvio Berlusconi e la sede

del vertice venne isolata da una serie di anelli concentrici di linee difensive che circoscrivevano una cosiddetta "zona rossa".
Il parere di esperti come il Generale Fabio Mini indica questa scelta come provocatoria ed errata nel clima che si era creato. La situazione già tesa precipitò quando ancora una volta fecero la loro comparsa i Black Bloc e la polizia, da parte sua, fece nuovamente una scelta che andava ad aumentare la tensione, ignorando i Black Bloc ed effettuando invece cariche sui manifestanti pacifici. Come andò a finire è drammaticamente noto, la città fu devastata dai Black Bloc che agirono praticamente indisturbati e, a detta di molti testimoni, anche con la connivenza di settori delle forze di polizia. Il manifestante Carlo Giuliani rimase ucciso e decine di inermi manifestanti furono vittime di un premeditato pestaggio dentro la scuola Diaz dove si erano raccolti per trascorrere la notte.
Da quell'episodio i No Global apparvero all'opinione pubblica come pericolosi e violenti, e quel popolo che si era costituito numeroso e pacifico per contrastare i pericoli del neoliberismo e del neocolonialismo, venne disperso sotto la certezza di subire delle violenze se avesse ancora voluto protestare. Da Genova il segnale era giunto chiaro e inequivocabile in tutto il mondo.
L'anno successivo per il vertice prevalse quella prudenza che era mancata a Genova solo un anno prima. La sede era ancora l'Italia, ma quella volta sarebbe stata scelta l'isola capillarmente controllata della Maddalena. Evidentemente adesso non si volevano più gli scontri. Il vertice fu poi spostato da Berlusconi all'Aquila che nel frattempo era stata colpita da un terremoto e dove quindi sarebbe stato difficile organizzare una protesta e comunque le persone erano ormai spaventate da quanto accaduto a Genova; il movimento No Global era stato piegato.
Le riunioni del comitato del WSF continueranno trovando l'apice nel 2005 con la pubblicazione del manifesto di Porto Alegre, ma poi andranno declinando e assumeranno un'importanza sempre minore rinunciando alle richieste più

significative che erano state espresse proprio nel manifesto del 2005.

I punti del manifesto di Porto Alegre proponevano obiettivi, allo stesso modo dell'Agenda 2030 per contrastare gli squilibri e le disuguaglianze causate dalla globalizzazione.

Al primo punto viene posto il problema della povertà che ritroviamo al primo punto anche nell'Agenda 2030. La povertà nell'Agenda di Porto Alegre viene affrontata ponendo la questione del debito pubblico dei paesi poveri che deve essere cancellato per non soffocarne lo sviluppo, problema invece mai affrontato dall'Agenda 2030.

Il manifesto di Porto Alegre si configura come un'Agenda che si pone problemi analoghi a quelli dell'Agenda 2030 ma, contrariamente a questa, contiene delle indicazioni chiare per risolverli.

Il G8 di Genova proponeva una serie di misure che ritroviamo nell'Agenda 2030, di fatto l'attuale Agenda altro non è che la riproposizione in versione edulcorata, colorata e politicamente corretta del documento di Genova.

Nell'analisi dei punti proposti dall'Agenda 2030 si troverà quindi una continuità con quelli del G8. I problemi posti all'attenzione saranno apparentemente analoghi a quelli presenti nel documento dei No Global di Porto Alegre, ma in realtà profondamente diversi nelle conseguenze.

AGENDA 2030
PUNTO 1
SCONFIGGERE LA POVERTÀ

Analisi del punto 1
Il punto 1 dell'Agenda 2030 (in originale goal) propone di risolvere il più grande problema del mondo: la povertà.
Si tratta di una realtà presente da sempre nelle società umane a partire da quelle più antiche ma che è rimasto irrisolto attraverso le epoche storiche. Quello che più colpisce di questo punto è che gli estensori dell'Agenda abbiano invece stabilito che tutto si può risolvere in un solo decennio.
La povertà nelle società sviluppate è sempre stata la conseguenza della mancata distribuzione delle ricchezze, che si trattasse di patrizi e plebei, di nobili e volgo o di capitalisti e proletari, le cause sono sempre state lo squilibrio tra chi accentra le ricchezze e chi non ha nulla. Nel mondo contemporaneo la povertà è la conseguenza di una serie di problemi che sono causati soprattutto dalle politiche neoliberiste e neocolonialiste attuate da decenni. Ma non affrontando tali radici - che necessariamente dimostrerebbero ipso facto di chi è la responsabilità - l'Agenda finisce infine con il rafforzare le cause della povertà puntando l'attenzione su "generici fenomeni naturali" che saranno in seguito individuati fondamentalmente nel riscaldamento climatico che in alternativa viene appositamente ridenominato "cambiamento climatico" per adattarsi a qualsiasi fenomeno atmosferico.
Attribuendo l'origine dei problemi ai suddetti fenomeni atmosferici, la causa della povertà nel mondo diviene automaticamente l'intera umanità che finisce per assumere contemporaneamente il ruolo di vittima e colpevole, e una vittima che è colpevole delle proprie disgrazie resta ben presto solamente colpevole. Ignorando le cause dei problemi, gli stessi non potranno essere risolti e resterà infine una popolazione rassegnata e controllata nei suoi comportamenti, affinché siano

virtuosi e alla quale non sarà lasciata altra possibilità che non sia la resilienza[3].

Questo primo punto dell'Agenda mette in luce una caratteristica peculiare che sarà ricorrente negli altri e cioè quella di non poter essere in realtà attuato. Non essendo attuabile eliminare la povertà nel mondo nei tempi indicati e con le soluzioni proposte, dobbiamo ritenere che quello a cui condurranno le misure adottate sarà il loro vero scopo: se qualcosa non serve a niente vuol dire che serve a qualcos'altro[4].

Non potendo dunque sconfiggere la povertà attraverso i punti sopracitati senza mettere in discussione il sistema neoliberista, proseguirà la fase di concentrazione dei mezzi di produzione nelle mani di un numero sempre più ridotto di soggetti che avrà come unico punto di arrivo quello di un aumento della stessa povertà che si intende eliminare. A quel punto non resterà che un percorso verso la resilienza che renderà la povertà non solo normale, ma inevitabile e alla fine addirittura virtuosa. La povertà sarà dunque finalmente sconfitta ma non eliminandola, bensì ridefinendone il concetto attraverso slogan ingannevoli come l'ormai celebre "non avrai niente e sarai felice" pronunciato al World Economic Forum di Davos.

Testo dell'Agenda al punto 1
1.1 Entro il 2030, eliminare la povertà estrema per tutte le persone in tutto il mondo, attualmente misurata come persone che vivono con meno di $1,25 al giorno.

---

[3] Il termine "resilienza" inizialmente riferito a una caratteristica dei materiali poi esteso alla sfera psicologica ed economica, ci giunge sia dal latino "resilire" che significa letteralmente "risalire" e poi in senso esteso il rimbalzare indietro o l'atto del ritirarsi che precede il rimbalzo, che dalla lingua inglese dove "to resile" ha il significato ancora una volta di di "ritirarsi" ma anche di "rinunciare".

[4] Cit da Il Pedante

1.2 Entro il 2030, ridurre almeno della metà la percentuale di uomini, donne e bambini di ogni età che vivono in povertà in tutte le sue dimensioni in base alle definizioni nazionali.

1.3 Applicare a livello nazionale sistemi adeguati e misure di protezione sociale per tutti, includendo i livelli minimi, ed entro il 2030 raggiungere sostanziale copertura dei poveri e dei vulnerabili.

1.4 Entro il 2030, assicurare che tutti gli uomini e le donne, in particolare i poveri e i vulnerabili, abbiano uguali diritti riguardo alle risorse economiche, così come l'accesso ai servizi di base, la proprietà e il controllo sulla terra e altre forme di proprietà, eredità, risorse naturali, adeguate nuove tecnologie e servizi finanziari, tra cui la microfinanza.

1.5 Entro il 2030, costruire la resilienza dei poveri e di quelli in situazioni vulnerabili e ridurre la loro esposizione e vulnerabilità ad eventi estremi legati al clima e ad altri shock e disastri economici, sociali e ambientali.

1.a Garantire una significativa mobilitazione di risorse da una varietà di fonti, anche attraverso la cooperazione allo sviluppo rafforzata, al fine di fornire mezzi adeguati e prevedibili per i paesi in via di sviluppo, in particolare per i paesi meno sviluppati, ad attuare programmi e politiche per porre fine alla povertà in tutte le sue dimensioni.

1.b Creare solidi quadri di riferimento politici a livello nazionale, regionale e internazionale, basati su strategie di sviluppo a favore dei poveri e attenti alla parità di genere, per sostenere investimenti accelerati nelle azioni di lotta alla povertà.

Analisi degli obiettivi del punto 1
Come tutti gli obiettivi dell'Agenda ONU 2030 il primo, che ha in oggetto la povertà, si presenta con tempistiche inverosimili.

1.1 Si parla di "eliminare la povertà estrema per tutte le persone in tutto il mondo, attualmente misurata come persone che vivono con meno di $1,25 al giorno".
In soli dieci anni ci si propone di risolvere un problema secolare sollevando la legittima domanda sul perché allora quanto proposto non sia stato fatto prima.

1.2 "**ridurre almeno della metà la percentuale di uomini, donne e bambini di ogni età che vivono in povertà in tutte le sue dimensioni in base alle definizioni nazionali**".
Questo punto non è che il proseguimento del precedente e quindi valgono le stesse considerazioni fatte al riguardo. Da notare come lungi dal voler mai dare una chiara definizione del termine "povertà" lungo l'intero testo dell'Agenda, i redattori della medesima demandino alle varie nazioni il compito di farlo "in base alle proprie definizioni". In effetti, a pensarci bene, un "povero" che dorme per strada in Alaska è decisamente più povero di uno che dorme all'addiaccio in Sicilia poiché rischia di morire anche di freddo mentre viene sbranato dai lupi invece che di "soli" stenti e malattie e ciò potrebbe spingere l'Italia a ridefinire i nostri senzatetto dei "diversamente ricchi".

1.3 Leggiamo "**Applicare a livello nazionale sistemi adeguati e misure di protezione sociale per tutti, includendo i livelli minimi, ed entro il 2030 raggiungere sostanziale copertura dei poveri e dei vulnerabili**".
Questo come tutti quelli dell'Agenda è un intento che evidentemente almeno all'apparenza è condivisibile ma gli estensori dell'Agenda stessa formulano questi propositi senza aver prima compiuto un'analisi sul perché questo non sia stato finora fatto. Ma ancor peggio sembrano ignorare che le politiche adottate in tutto l'Occidente sono dettate

dall'approccio neoliberista che si pone in totale contrasto con il proposito stesso. A partire infatti dagli anni Novanta con la deregulation e la sistematica demolizione dello stato sociale, presentata come inevitabile dal celebre TINA (There Is No Alternative) della Signora Thatcher, l'intero Occidente è andato in una direzione opposta a quella di una protezione sociale per tutti. Non è quindi evidentemente possibile indicare questo obiettivo senza denunciare le politiche neoliberiste e neocolonialiste che sono la causa del problema.

1.4 Si afferma "**assicurare che tuti gli uomini e le donne, in particolare i poveri e i vulnerabili, abbiano uguali diritti riguardo alle risorse economiche, così come l'accesso ai servizi di base, la proprietà e il controllo sulla terra e altre forme di proprietà, eredità, risorse naturali, adeguate nuove tecnologie e servizi finanziari, tra cui la microfinanza**".

Ancora una volta non si osserva come questi obiettivi siano in contrasto con i principi neoliberisti e le tendenze del mondo occidentale. La deflazione salariale (diminuzione degli stipendi) attuata per competere con i paesi poveri, abbassa il reddito degli abitanti dei paesi ricchi livellando il tenore di vita verso il basso. I servizi di base sono sempre meno a carico dello Stato per via delle politiche di contenimento della spesa pubblica e la proprietà privata viene contrastata da politiche come quelle del WEF che, come detto in precedenza, in un suo slogan afferma "non avrete nulla e sarete felici", seguito dall'ancor più sinistro "tutto ciò che vi serve, lo affitterete" che fa sorgere spontanea la domanda: "chi sono i proprietari di quel 'tutto' che dovremmo affittare? E perché loro possono 'possedere' mentre al resto dell'umanità è dato solo di 'affittare' pagando?

1.5 l'unico punto veramente attuabile recita: "**costruire la resilienza dei poveri e di quelli in situazioni vulnerabili e ridurre la loro esposizione e vulnerabilità ad eventi** estremi legati al clima e ad altri shock e disastri economici, sociali e ambientali".

Si tratta di un proposito che in realtà è in contrasto con i precedenti in quanto fa appello alla "resilienza". Con questo termine si indica la capacità di adattarsi a situazione difficili a prescindere dalla loro eventuale soluzione. Si sostiene quindi che i poveri non potendo risolvere i problemi che li affliggono dovranno adattarsi alla loro difficile condizione al fine di ridurre la propria vulnerabilità. Gli shock dai quali dovranno essere difesi secondo gli estensori dell'Agenda non sono causati da un ingiusto sistema economico da cambiare ma vengono attribuiti a fenomeni naturali sui quali non è possibile intervenire se non autocolpevolizzandosi come avviene per le emissioni di CO_2. In definitiva gli shock a cui sono sottoposti i poveri sono colpa dei poveri stessi e tutto questo appare in un pieno spirito neomalthusiano.

Analisi degli strumenti di attuazione del punto 1

1.a "**Garantire una significativa mobilitazione di risorse da una varietà di fonti, anche attraverso la cooperazione allo sviluppo rafforzata, al fine di fornire mezzi adeguati e prevedibili per i paesi in via di sviluppo, in particolare per i paesi meno sviluppati, ad attuare programmi e politiche per porre fine alla povertà in tutte le sue dimensioni**", e 1.b "Creare solidi quadri di riferimento politici a livello nazionale, regionale e internazionale, basati su strategie di sviluppo a favore dei poveri e attenti alla parità di genere, per sostenere investimenti accelerati nelle azioni di lotta alla povertà".

Sono affermazioni estremamente generiche che mostrano una ridondanza tale da farli sembrare vuoti giri di parole, di fatto però anticipano uno dei temi ricorrenti e fondamentali dell'Agenda e cioè la costruzione di un sistema di governance globale al quale tutti dovranno adeguarsi. La "cooperazione allo sviluppo" appare come un inserimento all'interno di un sistema omologato e omologante del quale faranno parte i "solidi quadri di riferimento politici" a ogni livello. In tutto questo gli estensori dell'Agenda hanno ritenuto essere un punto fondamentale la questione del genere che spesso si traduce nel tentativo di rendere soggettive le differenze biologiche fra maschio e femmina.

AGENDA 2030
PUNTO 2
SCONFIGGERE LA FAME

Analisi del punto 2
Il secondo dei punti dell'Agenda 2030, in evidente continuità con il primo, affronta specificamente il problema della fame del mondo che ovviamente è legata alla povertà. Anche in questo caso vale la considerazione fatta riguardo al precedente punto e cioè che si tratta di un problema presente dalla notte dei tempi che ha all'origine la mancata redistribuzione delle risorse alimentari largamente sufficienti invece a sfamare la popolazione mondiale e il mancato sviluppo di intere regioni.
La fame nel mondo nonostante le rivoluzioni tecnologiche degli ultimi due secoli non è stata eliminata, neanche la nascita nell'ottobre del 1945 di un organismo come la FAO ha cambiato questo stato di cose e all'inizio del XXI secolo si è ancora ben lontani dall'aver risolto il problema; com'è dunque possibile pensare che possa bastare un solo decennio per sconfiggere la fame in tutto il mondo? Le cose sono due: o era possibile farlo anche prima e allora si denuncia con l'Agenda 2030 un clamoroso fallimento della FAO (e quindi anche dell'ONU che è la stessa proponente dell'Agenda 2030), o con il secondo punto si propone per la seconda volta un obiettivo sapendo che non verrà raggiunto. E allora per la seconda volta quello che sarà attuato alla fine del 2030 sarà qualcos'altro. L'obiettivo oggettivamente non è la fine della fame nel mondo, ma le misure proposte che verranno attuate.
I punti dall'Agenda 2030 per eliminare la povertà alimentare, contrariamente alle intenzioni dichiarate, contribuiranno di fatto ad aggravare il problema. Quello che invece avverrà sarà un acuirsi della crisi alimentare, ovvero un fallimento che mostrerà come unica soluzione possibile la riduzione della popolazione mediante quei sistemi di controllo delle nascite proposti a partire degli anni '70 con la fondazione del Club di

Roma o, come previsto da Malthus, in caso di fallimento dei suddetti sistemi, la riduzione della popolazione mediante un'inevitabile carestia. La riduzione, nello specifico, non potrà che riguardare coloro che risulteranno sconfitti nella competizione economica, i paesi del Terzo Mondo per primi. I restanti, attuando i punti dell'Agenda, si troveranno in un meccanismo che li vedrà limitati nella loro libertà di produrre alimenti e saranno quindi resi dipendenti da un sistema centralizzato e controllato.

Le politiche realmente attuate vedono la diminuzione dell'impiego di fertilizzanti e di macchine agricole (ad esempio quelle adottate in Olanda e che hanno portato alla protesta degli agricoltori) insieme alla riduzione di tutto il sistema energetico alimentato a combustibili fossili. Ciò provocherà una crisi alimentare che porterà non solo al fallimento dell'obiettivo numero 2, ma ancora una volta saranno le popolazioni stesse a essere colpevolizzate. I governi saranno ritenuti responsabili del fallimento poiché il testo dei punti proposti è scritto in modo così generico e confuso che sarà possibile allontanare ogni responsabilità dall'ONU.

In piena ottica neomalthusiana, l'unica soluzione che automaticamente si imporrà sarà la "selezione naturale" che si attua adesso attraverso la "resilienza".

Testo dell'Agenda 2030 al punto 2

2.1 Entro il 2030, eliminare la fame e assicurare a tutte le persone, in particolare i poveri e le persone in situazioni vulnerabili, tra cui i bambini, l'accesso a un'alimentazione sicura, nutriente e sufficiente per tutto l'anno.

2.2 Entro il 2030, eliminare tutte le forme di malnutrizione, incluso il raggiungimento, entro il 2025, degli obiettivi concordati a livello internazionale sull'arresto della crescita e il deperimento dei bambini sotto i 5 anni di età, e soddisfare le esigenze nutrizionali di ragazze adolescenti, in gravidanza, in allattamento e delle persone anziane.

2.3 Entro il 2030, raddoppiare la produttività agricola e il reddito dei produttori di alimenti su piccola scala, in particolare le donne, le popolazioni indigene, le famiglie di agricoltori, pastori e pescatori, anche attraverso l'accesso sicuro e giusto alla terra, ad altre risorse e stimoli produttivi, alla conoscenza, ai servizi finanziari, ai mercati e alle opportunità che creino valore aggiunto e occupazione non agricola.

2.4 Entro il 2030, garantire sistemi di produzione alimentare sostenibili e applicare pratiche agricole resilienti che aumentino la produttività e la produzione, che aiutino a conservare gli ecosistemi, che rafforzino la capacità di adattamento ai cambiamenti climatici, alle condizioni meteorologiche estreme, alla siccità, alle inondazioni e agli altri disastri, e che migliorino progressivamente il terreno e la qualità del suolo.

2.5 Entro il 2020, assicurare la diversità genetica di semi, piante coltivate e animali da allevamento e domestici e le loro specie selvatiche affini, anche attraverso banche del seme e delle piante gestite e diversificate a livello nazionale, regionale e internazionale, e promuovere l'accesso e la giusta ed equa condivisione dei benefici derivanti dall'utilizzo delle risorse genetiche e delle conoscenze tradizionali collegate, come concordato a livello internazionale.

2.a Aumentare gli investimenti, anche attraverso una cooperazione internazionale rafforzata, in infrastrutture rurali, servizi di ricerca e di divulgazione agricola, nello sviluppo tecnologico e nelle banche genetiche di piante e bestiame, al fine di migliorare la capacità produttiva agricola nei paesi in via di sviluppo, in particolare nei paesi meno sviluppati.

2.b Correggere e prevenire restrizioni commerciali e distorsioni nei mercati agricoli mondiali, anche attraverso l'eliminazione parallela di tutte le forme di sovvenzioni alle esportazioni agricole e tutte le misure di esportazione con effetto equivalente, conformemente al mandato del "Doha Development Round".

2.c Adottare misure per garantire il corretto funzionamento dei mercati delle materie prime alimentari e dei loro derivati e facilitare l'accesso tempestivo alle informazioni di mercato, anche per quanto riguarda le riserve di cibo, al fine di contribuire a limitare l'estrema volatilità dei prezzi alimentari.

Analisi degli obiettivi del punto 2
2.1 Anche nel secondo punto dell'Agenda, così come avevamo visto riguardo al primo, si inizia proponendo un traguardo ambizioso che ci pone nuovamente davanti all'interrogativo: se in questi dieci anni sarà possibile **"eliminare la fame e assicurare a tutte le persone, in particolare i poveri e le persone in situazioni vulnerabili, tra cui i bambini, l'accesso a un'alimentazione sicura, nutriente e sufficiente per tutto l'anno"** per quale motivo non è stato fatto prima? Una trattazione seria dell'argomento dovrebbe partire da un'analisi delle cause del problema e del perché finora non sia stato risolto.

Si giunge così al punto **2.3** dove si afferma di voler conseguire il risultato di **"raddoppiare la produttività agricola e il reddito dei produttori di alimenti su piccola scala, in particolare le donne, le popolazioni indigene, le famiglie di agricoltori, pastori e pescatori, anche attraverso l'accesso sicuro e giusto alla terra (...)"** e ancora una volta si sorvola sul fatto che tutti questi problemi sono causati dal sistema economico neoliberista e neocolonialista che favorisce le grandi concentrazioni di capitale e di terreni. L'Agenda ONU non affronta il problema del *land grabbing* che espropria di fatto i piccoli agricoltori dei loro terreni. Sullo sfondo le nuove tecnologie come quella delle sementi geneticamente modificate (OGM), ma se la produttività agricola venisse aumentata con l'impiego di queste sementi, nascerebbero seri problemi di dipendenza soprattutto da parte dei piccoli coltivatori poiché il loro impiego li vincola in modo indissolubile alle grandi società produttrici delle varietà geneticamente modificate. Altri modi per raddoppiare la produttività consisterebbero nell'impiego di fertilizzanti e mangimi per la zootecnia, tutto questo però contrasta con le politiche adottate nei paesi sviluppati. In

Olanda è in corso uno scontro per la sopravvivenza di agricoltori perché in nome di un ambientalismo intransigente e della "sostenibilità" che caratterizza tutta l'Agenda, il governo punta a vietare l'impiego dei fertilizzanti azotati. Se l'Agenda vuole un raddoppio della produttività, non sembra proprio che le politiche occidentali stiano assecondando questa intenzione. La produttività va calando e la guerra in Ucraina ha aggravato la situazione dei paesi poveri. Seguendo l'idea della sostenibilità quindi, ci saranno seri problemi di sostentamento per intere popolazioni.

Nel punto **2.4** troviamo che bisognerà "**garantire sistemi di produzione alimentare sostenibili e applicare pratiche agricole resilienti che aumentino la produttività e la produzione, che aiutino a conservare gli ecosistemi, che rafforzino la capacità di adattamento ai cambiamenti climatici**", e ancora una volta come avvenuto nel punto **1**, si fa ricorso alla parola *resilienza*.

Mentre la produzione "sostenibile" eliminerà come già visto l'impiego di fertilizzanti rendendo vana la dichiarata ricerca di un aumento di produttività, ci si dovrà ancora una volta adattare alla scarsità di cibo le ciò sarà imputato ai cambiamenti climatici e non a un sistema socio-economico sbagliato. In definitiva gli obiettivi non saranno raggiunti, ma la colpa sarà dell'Uomo che ha provocato i cambiamenti climatici senza aver fatto abbastanza per impedirli.

Il punto **2.5** afferma che si dovrà "**assicurare la diversità genetica di semi, piante coltivate e animali da allevamento e domestici e le loro specie selvatiche affini, anche attraverso banche del seme e delle piante gestite e diversificate a livello nazionale, regionale e internazionale**". La diversità genetica sarebbe evidentemente assicurata naturalmente lasciando che ogni coltivatore impieghi le sementi del luogo che vengono tramandate da generazioni. Si propone invece l'istituzione di banche del seme che diventano il presupposto per obbligare all'uso di sementi legalmente approvate. Anche nel caso in cui il piccolo agricoltore non fosse legato con un contratto per l'uso di sementi OGM, sarà comunque vincolato alle forniture di qualche ente perché legato all'impiego di sementi certificate. Avere un proprio appezzamento di terreno da coltivare potrebbe diventare fuori legge.

Analisi degli strumenti di attuazione del punto 2

2.a "Aumentare gli investimenti, anche attraverso una cooperazione internazionale rafforzata, in infrastrutture rurali, servizi di ricerca e di divulgazione agricola, nello sviluppo tecnologico e nelle banche genetiche di piante e bestiame, al fine di migliorare la capacità produttiva agricola nei paesi in via di sviluppo, in particolare nei paesi meno sviluppati". La cooperazione internazionale attraverso gli investimenti significa stabilire un condizionamento delle politiche agricole dei paesi interessati. Gli investimenti storicamente hanno prodotto più debiti che crescita, lo sviluppo tecnologico resta vago e apre agli OGM che producono dipendenza dalle società produttrici. Le banche genetiche hanno come punto di arrivo la richiesta di impiegare solamente semi approvati e il riferimento al bestiame apre alla possibilità che anche in quel caso si possa imporre una genetica approvata.

2b "Correggere e prevenire restrizioni commerciali e distorsioni nei mercati agricoli mondiali, anche attraverso l'eliminazione parallela di tutte le forme di sovvenzioni alle esportazioni agricole e tutte le misure di esportazione con effetto equivalente, conformemente al mandato del "Doha Development Round". Il riferimento alla conferenza di Doha di cui la prima si è svolta nel 2001 per correggere i problemi causati dalla globalizzazione ai paesi poveri, viene fatto per motivare la limitazione di restrizioni commerciali e sovvenzioni che possano limitare le esportazioni dei paesi poveri. Condizione questa che se aumenterà le esportazioni dei paesi del Terzo Mondo, abbatterà drasticamente i costi dei beni interessati introducendo una concorrenza a ribasso fra i lavoratori dei vari paesi.

2c "Adottare misure per garantire il corretto funzionamento dei mercati delle materie prime alimentari e dei loro derivati e facilitare l'accesso tempestivo alle informazioni di mercato, anche per quanto riguarda le riserve di cibo, al fine di contribuire a limitare l'estrema volatilità dei prezzi alimentari". La speculazione sui prezzi dei generi alimentari è la vera causa della fame nel mondo. Le tecniche di coltivazione attuali consentono di sfamare tutta la popolazione mondiale, sarebbe quindi un buon obiettivo intervenire sui mercati delle materie prime alimentari come indicato nel **2.c**. Ma anche in questo caso il proposito si scontra con le reali tendenze dei mercati. Un esempio è quanto accaduto per il mercato del gas metano il cui prezzo nella UE è stato legato a quello battuto nel TTF (Title Transfer Facility) le cui quotazioni sono state alla base degli aumenti dei prezzi a partire dalla fine del 2021. Nel momento in cui il prezzo di una materia prima non viene più determinato da accordi diretti fra stati, produttori e importatori ma stabilito in base alle fluttuazioni di una Borsa speculativa dettata unicamente dal massimo guadagno degli speculatori, l'obiettivo di ridurre il prezzo dei beni fondamentali non viene perseguito e quindi nemmeno realizzato.

AGENDA 2030
PUNTO 3
SALUTE E BENESSERE

Analisi del punto 3
La soluzione dei problemi esposti precedentemente conferma una mancata analisi delle cause all'origine del problema preso in esame. Colpisce il fatto che un progetto elaborato a così alto livello abbia un difetto di impostazione così grande. Com'è possibile che all'ONU non abbiano analizzato le cause del problema prima di proporre le soluzioni? È come se un medico laureato in medicina prima e specializzatosi poi, un grande professionista quindi, prescrivesse una cura a un paziente senza prima prendere in considerazione le cause del suo malessere.
Quello che manca è la presa di coscienza che tutti i problemi di mancata assistenza sanitaria, nonostante le tecnologie disponibili nel XXI secolo, derivano dall'impostazione neoliberista e neocolonialista che tramite gli accordi internazionali vogliono essere estese a tutti paesi del mondo con il nome di *globalizzazione*. La globalizzazione stessa non solo non viene mai messa in discussione, ma viene promossa attraverso i punti dell'Agenda 2030. Gli interventi esposti negli obiettivi del punto 3 vengono ripetutamente proposti specificamente per i paesi in via di sviluppo facendo erroneamente ritenere che in quelli sviluppati non esistano problemi di scarsa assistenza sanitaria, quando invece sappiamo molto bene che non solo le persone non in grado di curarsi nei paesi occidentali è in drammatico aumento, ma esistono posti come gli Stati Uniti dove a chi è sprovvisto di assicurazione medica, viene negata l'assistenza sanitaria tout-court. Gli stessi paesi sviluppati stanno sperimentando un peggioramento delle condizioni sanitarie causato dalla riduzione della spesa pubblica dovuta alle misure di austerità (*spending review* secondo la nuova denominazione). Il numero delle persone non in grado

di curarsi adeguatamente sta crescendo in tutto l'Occidente, eppure di questo l'Agenda non ne parla.

È proprio l'insistenza sui paesi del Terzo Mondo che lascia intendere che il neoliberismo non solo non sia un problema per l'assistenza medica generalizzata ma che sia addirittura la soluzione, quel neoliberismo che i paesi del Terzo Mondo evidentemente non attuano per nulla o non abbastanza.

Più mercato, più neocolonialismo è la ricetta ONU per risolvere i problemi della sanità, significa curare il paese malato aumentando la gravità della malattia.

Il punto 3 si raccorda con i primi due riguardo alle politiche di riduzione della popolazione. Particolare attenzione viene posta alla "salute riproduttiva", termine usato nei documenti della *Planned parenthood* e nei convegni a orientamento neomalthusiano per indicare le politiche di diminuzione della popolazione. Altrettanta attenzione viene posta all'incremento nell'impiego dei vaccini come unica soluzione per la prevenzione di qualsiasi patologia anziché puntare alle cure disponibili. Nel mondo distopico dell'Agenda è vietato ammalarsi; ogni probabile e improbabile malattia deve essere prevenuta attraverso l'impiego di farmaci.

Il testo dell'Agenda al punto 3
3.1 Entro il 2030, ridurre il tasso di mortalità materna globale a meno di 70 per 100.000 nati vivi.
3.2 Entro il 2030, mettere fine alle morti evitabili di neonati e bambini sotto i 5 anni di età, con l'obiettivo per tutti i paesi di ridurre la mortalità neonatale a non più di 12 su 1.000 nati vivi e, per i bambini al di sotto dei 5 anni, ridurre la mortalità a non più di 25 su 1.000 nati vivi.
3.3 Entro il 2030, porre fine alle epidemie di AIDS, tubercolosi, malaria e malattie tropicali trascurate e combattere l'epatite, le malattie legate all'uso dell'acqua e altre malattie trasmissibili.

3.4 Entro il 2030, ridurre di un terzo la mortalità prematura da malattie non trasmissibili attraverso la prevenzione e la cura e promuovere la salute mentale e il benessere.

3.5 Rafforzare la prevenzione e il trattamento di abuso di sostanze, tra cui abuso di stupefacenti e l'uso nocivo di alcol.

3.6 Entro il 2020, dimezzare il numero di decessi a livello mondiale e le lesioni da incidenti stradali.

3.7 Entro il 2030, garantire l'accesso universale ai servizi di assistenza sanitaria sessuale e riproduttiva, compresi quelli per la pianificazione familiare, l'informazione e l'educazione, e l'integrazione della salute riproduttiva nelle strategie e nei programmi nazionali.

3.8 Conseguire una copertura sanitaria universale, compresa la protezione dai rischi finanziari, l'accesso a servizi essenziali di assistenza sanitaria di qualità e l'accesso a farmaci essenziali sicuri, efficaci, di qualità e a prezzi accessibili e vaccini per tutti.

3.9 Entro il 2030, ridurre sostanzialmente il numero di decessi e malattie da sostanze chimiche pericolose e da inquinamento e contaminazione di aria, acqua e suolo.

3.a Rafforzare l'attuazione della "Convenzione quadro dell'Organizzazione Mondiale della Sanità" sul controllo del tabacco in tutti i paesi, a seconda dei casi.

3.b Sostenere la ricerca e lo sviluppo di vaccini e farmaci per le malattie trasmissibili e non trasmissibili che colpiscono soprattutto i paesi in via di sviluppo, fornire l'accesso ai farmaci essenziali e ai vaccini a prezzi accessibili, in conformità con la Dichiarazione di Doha sull'Accordo TRIPS e la salute pubblica, che afferma il diritto dei paesi in via di sviluppo ad utilizzare appieno le disposizioni dell'accordo sugli aspetti commerciali dei diritti di proprietà intellettuale in materia di flessibilità per proteggere la salute pubblica e, in particolare, di fornire l'accesso ai farmaci per tutti.

3.c Aumentare sostanzialmente il finanziamento della sanità e il reclutamento, lo sviluppo, la formazione e il mantenimento del personale sanitario nei paesi in via di sviluppo, soprattutto nei paesi meno sviluppati e nei piccoli Stati insulari in via di sviluppo.

3.d Rafforzare la capacità di tutti i paesi, in particolare i paesi in via di sviluppo, per la prevenzione, la riduzione e la gestione dei rischi per la salute nazionale e globale.

Analisi degli obiettivi del punto 3

3.1 "ridurre il tasso di mortalità materna globale a meno di 70 per 100.000 nati vivi".

Il terzo punto dell'Agenda si occupa del generico argomento della "salute" per il quale viene messo al primo posto il problema della mortalità materna che secondo dati ISS nel 2020 si è attestata su 223 donne morte ogni 100.000, cioè un donna morta ogni 448 parti. L'obiettivo è scendere entro la fine del decennio a 70 ogni 100.000.

3.2 "mettere fine alle morti evitabili di neonati e bambini sotto i 5 anni di età, con l'obiettivo per tutti i paesi di ridurre la mortalità neonatale a non più di 12 su 1.000 nati vivi e, per i bambini al di sotto dei 5 anni, ridurre la mortalità a non più di 25 su 1.000 nati vivi".

Il primo proposito viene seguito da quello in cui ci si prefigge di ridurre la mortalità infantile e precisamente di "mettere fine alle morti evitabili di neonati e bambini sotto i cinque anni di età". Colpisce la locuzione "mettere fine alle morti evitabili'" che fa pensare che queste possano essere evitate da tempo ma non lo si è fatto. L'obiettivo è di non superare i 12 morti ogni 1.000 nati vivi, dati recenti collocano questa cifra intorno ai 43 ogni 1.000.

3.3 Qui si parla di "**porre fine alle epidemie di AIDS, tubercolosi, malaria e malattie tropicali trascurate e combattere l'epatite, le malattie legate all'uso dell'acqua e altre malattie trasmissibili**", patologie particolarmente presenti nel Terzo Mondo.

Fin qui l'Agenda ha sollevato problematiche che riguardano solo le aree più povere del pianeta senza però rilevare che si tratta di un unico grande problema: la povertà. Sono infatti le cattive condizioni igieniche e sanitarie all'origine di tutte queste voci sulla mortalità. Anche i decessi per AIDS sono conteggiati senza analisi cliniche ma solo facendo riferimento ai sintomi. Questo procedimento inevitabilmente porta a inserire tra i decessi di AIDS una serie di malattie con sintomatologia varia.

L'Agenda parla di problemi sanitari reali dove però, proprio come per tutti i punti precedentemente trattati, si "dimentica" di evidenziare come siano tutti, nessuno escluso, una diretta conseguenza del sistema neocoloniale e dello sfruttamento liberistico.

3.4 Con questo punto si esce dallo specifico del Terzo Mondo e si affrontano problemi più diffusi ma anche molto generici: **"ridurre di un terzo la mortalità prematura da malattie non trasmissibili attraverso la prevenzione e la cura e promuovere la salute mentale e il benessere"**. Prevenzione e cura sono indicazioni decisamente vaghe. Entra in campo anche la "salute mentale e il benessere", qualunque cosa si intenda con questi termini.

Dopo un generico richiamo alle dipendenze, al punto **3.6** si parla di dimezzare i decessi da incidenti stradali e le lesioni, questo problema non è evidentemente un'emergenza, poiché i limiti di velocità e l'introduzione di elementi di sicurezza passiva come l'airbag e di sicurezza attiva come l'ABS hanno da tempo consentito di ridurre la mortalità a livelli molto bassi. Non è difficile immaginare che l'unico modo per abbassare il numero degli incidenti sarà l'introduzione di velocità massime consentite a livelli insostenibili per normali spostamenti. L'attuale tendenza a porre limiti di velocità urbani a soli 30 Kmh sarà favorita rendendo più difficile spostarsi in modo soddisfacente. Saranno misure che genereranno ingorghi e rallentamenti andando tra l'altro ad aggravare l'inquinamento, il pilastro fondamentale dell'Agenda stessa. Il tutto si integra nella complessiva tendenza a privare la popolazione dell'auto privata rendendo sempre più difficile, costoso e non conveniente usarla.

3.7 "garantire l'accesso universale ai servizi di assistenza sanitaria sessuale e riproduttiva, compresi quelli per la pianificazione familiare, l'informazione e l'educazione, e l'integrazione della salute riproduttiva nelle strategie e nei programmi nazionali".
Questo punto va letto come una spinta a misure di controllo della popolazione. La "salute riproduttiva" è nella terminologia dell'ONU sinonimo di "limitazione delle nascite" ovvero politiche malthusiane che non hanno una stretta attinenza con la "salute" intesa in senso tradizionale.
A scuola, sotto il generico obiettivo della salute promuovendo l'Agenda 2030, si dovrà insegnare la limitazione delle nascite con ogni mezzo. La popolazione mondiale che è il soggetto da aiutare, dovrà invece essere vista come un problema da eliminare in accordo con le idee del Club di Roma[5]
Secondo questa impostazione i problemi dell'umanità si risolvono eliminando l'umanità che ha problemi: Malthus in pillole.

3.8 Qui si afferma l'obiettivo di **"Conseguire una copertura sanitaria universale, compresa la protezione dai rischi finanziari, l'accesso a servizi essenziali di assistenza sanitaria di qualità e l'accesso a farmaci essenziali sicuri, efficaci, di qualità e a prezzi accessibili e vaccini per tutti."**

---

[5]Fondato nel 1968 da Aurelio Peccei, ex manager FIAT ed ex amministratore delegato dell'Olivetti. il nome del club deriva dal luogo in cui si è tenuta la sua prima riunione. Il fine dichiarato è quello di analizzare i principali problemi dell'umanità proponendo delle soluzioni globali che si rivelano una riedizione di quelle proposte dal reverendo Thomas Robert Malthus tra il XVIII e il XIX secolo nel suo libro "Essay on the Principle of Population".
Il primo e celebre libro pubblicato dal Club di Roma con la collaborazione del MIT di Boston è stato "The Limits to Growth" del 1972 e riprende visibilmente i temi dell'opera di Malthus.
Attualmente il Club di Roma comprende 35 associazioni nazionali e 100 membri

Ancora una volta questo obiettivo è in contrasto con le regole neoliberiste che invece spingono ovunque verso la privatizzazione della sanità, ma questa contraddizione non viene affrontata. Ciò che si dovrebbe dire su questo problema è che i paesi su cui intervenire comprenderebbero gli USA e invitare la stessa Unione Europea a invertire le politiche di tagli alla sanità, ma niente di questo viene fatto.

3.9 Qui si mostra una trasversalità degli argomenti, l'ambiente e la salute si sovrappongono portando a soluzioni convergenti: "**Entro il 2030, ridurre sostanzialmente il numero di decessi e malattie da sostanze chimiche pericolose e da inquinamento e contaminazione di aria, acqua e suolo**".

L'inquinamento si ricollega agli obiettivi ambientali che a loro volta trovano il loro punto di massima attenzione sulle emissioni di CO_2. La salute sarà la leva su cui si imporranno le cosiddette "città da 15 minuti" fissando irraggiungibili obiettivi di emissioni zero che porteranno all'eliminazione di fatto del trasporto privato e dell'energia abbondante e a basso costo. Il vero problema dell'inquinamento va individuato nella società consumistica che porta all'obsolescenza programmata dei prodotti che quando non sono dichiaratamente "usa e getta" sono progettati per diventare velocemente obsoleti o di una qualità scadente, imponendo la sostituzione. È poi in atto una vera e propria crociata contro la CO_2 prodotta per più del 90% da cause naturali come l'attività vulcanica, il respiro di quasi tutti gli esseri viventi e che costituisce il nutrimento delle piante, distogliendo completamente l'attenzione rispetto all'inquinamento senza soluzione di continuità dovuto all'immissione di sostanze tossiche sotto ogni possibile forma (pesticidi, scarichi industriali, acque reflue non trattate, trattamenti chimici negli allevamenti intensivi, etc.).

Analisi degli strumenti di attuazione del punto 3

3.a "Rafforzare l'attuazione della 'Convenzione quadro dell'Organizzazione Mondiale della Sanità" sul controllo del tabacco in tutti i paesi, a seconda dei casi'".

Il tabacco non sembra essere il principale problema sanitario mondiale e comunque è stato già largamente limitato in tutti i paesi occidentali. Ulteriori limitazioni appaiono più come atti di ingerenza ingiustificata nelle libere scelte dei cittadini che come misure sanitarie. L'introduzione di divieti all'aperto che abbiamo già visto realizzare in città come Milano assumono questa connotazione.

3.b "Sostenere la ricerca e lo sviluppo di vaccini e farmaci per le malattie trasmissibili e non trasmissibili che colpiscono soprattutto i paesi in via di sviluppo, fornire l'accesso ai farmaci essenziali e ai vaccini a prezzi accessibili, in conformità con la Dichiarazione di Doha sull'Accordo TRIPS e la salute pubblica, che afferma il diritto dei paesi in via di sviluppo ad utilizzare appieno le disposizioni dell'accordo sugli aspetti commerciali dei diritti di proprietà intellettuale in materia di flessibilità per proteggere la salute pubblica e, in particolare, di fornire l'accesso ai farmaci per tutti".

In questo caso va notato il fatto che esistano malattie che colpiscono in particolare i paesi in via di sviluppo, non sono malattie che colpiscono in base al clima o al tipo di situazione geografica ma viene appunto specificato "i paesi in via di sviluppo'". Questo significa che si tratta di malattie causate dal sottosviluppo e cioè dalle scarse condizioni igieniche e probabilmente da un'alimentazione insufficiente. Ancora una volta si nasconde il vero problema che è quello dello sfruttamento neocoloniale e dell'economia di mercato senza limiti. L'accordo TRIPS a cui si fa riferimento (The Agreement on Trade Related Aspects of Intellectual Property Rights) riguarda la proprietà intellettuale e quindi la possibilità di usufruire di brevetti sulla sanità e in particolare sui farmaci; riguardo questi ultimi al primo posto vengono messi i vaccini. I vaccini sono farmaci di prevenzione che si rivelano particolarmente indicati per i paesi che non hanno un sistema sanitario in grado di gestire adeguatamente una grande varietà di malattie quando queste vengono contratte e quindi si punta principalmente alla loro prevenzione. Si ricorda che ogni farmaco ha degli effetti collaterali negativi, del resto 'pharmakon' in greco significa 'veleno' e i principi di Galeno ci dicono che la differenza tra una medicina e un veleno è la dose. Una società avanzata dovrebbe quindi fare affidamento sui vaccini in un numero limitato di casi e provvedere alla cura solo nei casi in cui la malattia venga effettivamente contratta. Porre un forte accento sulla vaccinazione è indice di una società che non è in grado di curare i propri malati e quindi scientificamente non sviluppata.

3.c "Aumentare sostanzialmente il finanziamento della sanità e il reclutamento, lo sviluppo, la formazione e il mantenimento del personale sanitario nei paesi in via di sviluppo, soprattutto nei paesi meno sviluppati e nei piccoli Stati insulari in via di sviluppo".
Molto vago anche questo punto. Il finanziamento della sanità è evidentemente un obiettivo importante e condivisibile ma la differenza tra un finanziamento pubblico e uno privato è fondamentale. È noto che in un'economia di mercato di tipo liberista il finanziamento pubblico viene scoraggiato e limitato sempre più. In assenza di questa puntualizzazione, si deve ritenere che il finanziamento auspicato sia di tipo privato, in tal caso la sanità sarà sempre più limitata alle classi abbienti.

3.d "Rafforzare la capacità di tutti i paesi, in particolare i paesi in via di sviluppo, per la prevenzione, la riduzione e la gestione dei rischi per la salute nazionale e globale".
Ennesimo punto affrontato senza venir davvero chiarito. Ciò che si può dedurre è che i paesi in via di sviluppo che sono

largamente i destinatari dell'Agenda 2030, dovranno entrare in un sistema di omologazione sanitaria dove i "rischi per la salute nazionale e globale" ai quali dovranno far fronte, saranno quelli relativi alle questioni climatiche e ambientali poste dai paesi industrializzati. I paesi poveri dovranno certamente limitare le emissioni di CO_2 e quindi il loro sviluppo al fine di prevenire danni alla salute globale.

AGENDA 2030
PUNTO 4
ISTRUZIONE DI QUALITÀ

Analisi del punto 4

L'istruzione è uno dei punti centrali dell'Agenda. La formazione e l'omologazione delle future generazioni alle indicazioni ritenute indiscutibilmente giuste, è un elemento determinante ai fini della realizzazione della Quarta Rivoluzione Industriale. Si parla subito di un'istruzione "libera" ma purché allineata all'Agenda che ha di fatto preso il posto dell'Educazione Civica nelle scuole di ogni ordine e grado. Un'istruzione "di qualità" poiché allineata alla stessa Agenda e che porti a "rilevanti risultati" di apprendimento, che conduca cioè ad apprendere come elementi di conoscenza culturale quelle che sono invece delle direttive elaborate in ambiti politici e non approvate democraticamente.

L'attenzione su uno "sviluppo precoce" denota anche l'intenzione di veicolare i principi dell'Agenda fin dalla più tenera età, implicando un allontanamento dalle indicazioni delle famiglie e una diminuzione della loro autorità sull'educazione dei figli.

Oltre ai principi dell'Agenda, l'istruzione dovrà allontanarsi dai contenuti culturali per essere sempre di più un avviamento al lavoro a costi accessibili e che riguardi tutti senza distinzioni di alcun tipo. Non a caso si parla di "competenze" e non di "conoscenze", un'istruzione che dovrà portare a crescere personale adatto ai vari impieghi lavorativi. Dall'operaio al dirigente, ciascuno avrà la sua scuola di avviamento al lavoro. Al riguardo le pressioni per un distacco dalla formazione culturale e un orientamento al lavoro nascono prima ancora della stesura dell'Agenda e provengono da ambienti industriali che nel caso italiano si possono individuare nella Fondazione Agnelli e nella TreeLLLe.

Si insiste inoltre sulle questioni di genere. Il concetto di parità va inteso come l'adozione di tutte le indicazioni provenienti dagli Gender Studies che premono per introdurre questioni come le "carriere alias" dove ciascuno potrà darsi il nome che sente corrispondere alla sua identità sessuale e i bagni "gender neutral". In tutto questo le famiglie sono sempre escluse da ogni possibilità di far valere le loro indicazioni. Il distacco fra figli e genitori nelle scuole americane è addirittura normato; gli insegnanti non sono tenuti a informare i genitori quando il figlio o la figlia decide di cambiare il proprio genere sessuale e quindi il proprio nome. La mattina i genitori salutano John prima che salga sul pulmino della scuola ignorando completamente che nella stessa scuola compagni e corpo insegnanti lo chiamano Jennifer e che invece di giocare a football, nell'ora di educazione fisica John fa la cheerleader. Come se questo non bastasse, sempre all'insaputa dei genitori, l'insegnante organizzerà una valutazione psicologica con un "esperto in questioni di genere" (che non si capisce come faccia a essere esperto giacché questo fenomeno sociale di fatto esiste da una manciata di anni ed è quindi sprovvisto di un'adeguata letteratura scientifica che ne supporti le tesi) che a sua discrezione potrà decidere se fargli iniziare una terapia ormonale per interrompere la pubertà nonché indicargli in quale clinica potrà effettuare una chirurgia di "riassegnamento sessuale". Basta che John dica alla maestra che "mamma e papà non sono convinti che io sia Jennifer" perché la famiglia venga considerata ostile se non addirittura incolpata di abuso di minore e "per tutelare il benessere dello studente" la transizione sociale da maschio a femmina nonché gli incontri con gli specialisti, saranno tutti effettuati tenendo completamente all'oscuro i genitori di quanto viene fatto con e al loro figlio.
L'obiettivo della alfabetizzazione e della capacità di calcolo ha come scopo il produrre lavoratori omologati e non persone con una formazione culturale e quindi capacità critica. L'alfabetizzazione di base e l'elementare capacità di calcolo sono

funzionali proprio a una minima capacità lavorativa e a un'ancor minore capacità intellettuale.

La residua formazione culturale viene individuata nell'educazione alla "sostenibilità" che è poi la stessa Agenda 2030. I futuri dipendenti globalizzati, dagli operai ai dirigenti, dovranno avere come cornice ideologica l'ambientalismo e i suoi rigidi principi morali, resi indiscutibili proprio mediante l'insegnamento obbligatorio dell'Agenda. Fra questi troviamo quelli del "gender" ovvero la negazione della dualità maschio-femmina e un "pacifismo" che non può che essere quello dell'ONU e delle sue "missioni di pace". Con il termine "pace" s'intende l'obbligo morale di intervenire militarmente in quei paesi che non si allineano alla globalizzazione identificata con la democrazia, che verrà quindi "esportata" utilizzando bombe e carri armati. La cultura di pace dell'ONU e quindi dell'Agenda è l'orwelliano slogan "La guerra è pace".

L'insistenza a un condivisibile contesto di "non violenza" in ambito educativo farebbe collocare tra i maggiori destinatari di questa indicazione paesi come gli USA, la Gran Bretagna e la Francia. La mancanza di una critica storica che dovrebbe analizzare le politiche colonialiste del passato e neocolonialiste e quindi un riferimento diretto a queste realtà, rende poco credibile questo proposto.

Borse di studio premieranno gli studenti più meritevoli che però in questo contesto possiamo individuare come quelli più pronti a interiorizzare i principi dell'Agenda. Per i paesi del Terzo Mondo il premio spingerà espressamente alla formazione di lavoratori, proposto che si evince da un esplicito riferimento ai "programmi per la formazione professionale". Interessante è anche l'attenzione verso la formazione di persone esperte di comunicazione; le idee globaliste dell'Agenda dovranno quindi essere veicolate da "personale esperto".

Per realizzare tutto questo, serviranno insegnanti "qualificati". Sarà quindi necessario uno sforzo internazionale per uniformare gli insegnanti di tutto il mondo che diventeranno così degli istruttori incaricati di trasmettere delle "competenze" unificate alle nuove generazioni.

Non serve scomodare i teorici del complotto per rendersi conto che nelle scuole e università si sta passando dall'insegnamento all'indottrinamento.

Testo dell'Agenda al punto 4

4.1 Entro il 2030, assicurarsi che tutti i ragazzi e le ragazze completino una istruzione primaria e secondaria libera, equa e di qualità che porti a rilevanti ed efficaci risultati di apprendimento.

4.2 Entro il 2030, assicurarsi che tutte le ragazze e i ragazzi abbiano accesso a uno sviluppo infantile precoce di qualità, alle cure necessarie e all'accesso alla scuola dell'infanzia, in modo che siano pronti per l'istruzione primaria.

4.3 Entro il 2030, garantire la parità di accesso per tutte le donne e gli uomini ad una istruzione a costi accessibili e di qualità tecnica, ad una istruzione professionale e di terzo livello, compresa l'Università.

4.4 Entro il 2030, aumentare sostanzialmente il numero di giovani e adulti che abbiano le competenze necessarie, incluse le competenze tecniche e professionali, per l'occupazione, per lavori dignitosi e per la capacità imprenditoriale.

4.5 Entro il 2030, eliminare le disparità di genere nell'istruzione e garantire la parità di accesso a tutti i livelli di istruzione e formazione professionale per i più vulnerabili, comprese le persone con disabilità, le popolazioni indigene e i bambini in situazioni vulnerabili.

4.6 Entro il 2030, assicurarsi che tutti i giovani e una parte sostanziale di adulti, uomini e donne, raggiungano l'alfabetizzazione e l'abilità di calcolo.

4.7 Entro il 2030, assicurarsi che tutti gli studenti acquisiscano le conoscenze e le competenze necessarie per promuovere lo sviluppo sostenibile attraverso, tra l'altro, l'educazione per lo sviluppo sostenibile e stili di vita sostenibili, i diritti umani, l'uguaglianza di genere, la promozione di una cultura di pace e di non violenza, la cittadinanza globale e la valorizzazione della diversità culturale e del contributo della cultura allo sviluppo sostenibile.

4.a Costruire e adeguare le strutture scolastiche in modo che siano adatte alle esigenze dei bambini, alla disabilità e alle differenze di genere e fornire ambienti di apprendimento sicuri, non violenti, inclusivi ed efficaci per tutti.

4.b Entro il 2030, espandere sostanzialmente a livello globale il numero di borse di studio a disposizione dei paesi in via di sviluppo, in particolare dei paesi meno sviluppati, dei piccoli Stati insulari in via di sviluppo e dei paesi africani, per l'iscrizione all'istruzione superiore, comprendendo programmi per la formazione professionale e della tecnologia dell'informazione e della comunicazione, tecnici, ingegneristici e scientifici, nei paesi sviluppati e in altri paesi in via di sviluppo.

4.c Entro il 2030, aumentare notevolmente l'offerta di insegnanti qualificati, anche attraverso la cooperazione internazionale per la formazione degli insegnanti nei paesi in via di sviluppo, in particolare nei paesi meno sviluppati e nei piccoli Stati insulari in via di sviluppo.

Analisi degli obiettivi del punto 4

4.1 "Entro il 2030, assicurarsi che tutti i ragazzi e le ragazze completino una istruzione primaria e secondaria libera, equa e di qualità che porti a rilevanti ed efficaci risultati di apprendimento".
Come in altre parti dell'Agenda, una lettura iniziale dei punti proposti è così generica e vaga che appare generalmente condivisibile. Chi mai sarebbe contrario a un'istruzione di qualità per tutti?

4.2 "Entro il 2030, assicurarsi che tutte le ragazze e i ragazzi abbiano accesso a uno sviluppo infantile precoce di qualità, alle cure necessarie e all'accesso alla scuola

dell'infanzia, in modo che siano pronti per l'istruzione primaria".
Questo punto è una continuazione sullo stesso piano. Il senso di tale *goal* dell'Agenda va cercato nella parola, chiaramente condivisibile, "qualità". Ma cosa è la "qualità"? Secondo il dizionario Treccani la qualità è: "Proprietà che caratterizza una persona, un animale o qualsiasi altro essere, una cosa, un oggetto o una situazione, o un loro insieme organico, come specifico modo di essere, soprattutto in relazione a particolari aspetti e condizioni, attività, funzioni e utilizzazioni". Allora per capire cosa si intenda con il termine "qualità", bisogna individuare cosa caratterizzi l'istruzione secondo l'Agenda 2030 e quali siano le sue funzioni e utilizzazioni. Qual è il fine dell'istruzione secondo l'ONU? A queste risposte giungiamo attraverso le soluzioni proposte dall'Agenda stessa nei punti seguenti.

4.3 "garantire la parità di accesso per tutte le donne e gli uomini ad una istruzione a costi accessibili e di qualità tecnica, ad una istruzione professionale e di terzo livello, compresa l'Università";

4.4 "aumentare sostanzialmente il numero di giovani e adulti che abbiano le competenze necessarie, incluse le competenze tecniche e professionali, per l'occupazione, per lavori dignitosi e per la capacità imprenditoriale";

4.5 "eliminare le disparità di genere nell'istruzione e garantire la parità di accesso a tutti i livelli di istruzione e formazione professionale per i più vulnerabili, comprese le persone con disabilità, le popolazioni indigene e i bambini in situazioni vulnerabili".
In tutti questi punti viene chiarito che il compito dell'istruzione è avviare al lavoro. Non viene fatto alcun riferimento alla cultura intesa come storia, letteratura, filosofia, arte e scienze. L'attenzione viene invece posta sulle

"competenze" trascurando le conoscenze. "L'istruzione di qualità" secondo l'ONU è circoscritta solamente a un globale avviamento al lavoro. La scuola non deve più formare individui, deve piuttosto produrre "lavoratori in serie". Deve quindi smettere di essere scuola e iniziare a diventare fabbrica.

4.6 "**assicurarsi che tutti i giovani e una parte sostanziale di adulti, uomini e donne, raggiungano l'alfabetizzazione e l'abilità di calcolo**".
Finalmente si parla di conoscenze, ma l'obiettivo è minimale. Ancora nessuna attenzione per la cultura. L'alfabetizzazione e l'abilità di calcolo di base sono ancora livelli che si addicono a un lavoratore che possa svolgere mansioni elementari.
Il senso compiuto dell'educazione superiore secondo l'Agenda 2030 viene infine spiegato chiaramente nel punto seguente.

4.7 "**assicurarsi che tutti gli studenti acquisiscano le conoscenze e le competenze necessarie per promuovere lo sviluppo sostenibile attraverso, tra l'altro, l'educazione per lo sviluppo sostenibile e stili di vita sostenibili, i diritti umani, l'uguaglianza di genere, la promozione di una cultura di pace e di non violenza, la cittadinanza globale e la valorizzazione della diversità culturale e del contributo della cultura allo sviluppo sostenibile**".
Il fine dell'istruzione oltre ad avviare al mondo del lavoro è dunque lo "sviluppo sostenibile'". L'interazione con i temi ambientali è evidente e sappiamo che il termine "sostenibile" propone la presenza dell'umanità vista come un peso per il pianeta personificato come la divinità Gaia. L'educazione dovrà avvenire in una scuola che spinga alla rinuncia all'energia a basso costo.
Tutto converge verso la colpevolizzazione degli esseri umani.
I diritti umani e l'uguaglianza di genere vanno tradotti con l'adozione di una terminologia aderente al politicamente corretto e all'affermarsi del fenomeno sociale denominato *Woke* secondo cui la realtà oggettiva non esiste e deve quindi piegarsi

a quella soggettiva percepita dal singolo individuo, realtà soggettiva che in quanto tale cambia costantemente a seconda dell'umore, dei gusti e delle idee del soggetto nel momento in cui la sta esperendo. E quindi se io domani mi sveglio e decido che sono una fotomodella svedese di 24 anni e mi presento a scuola a far lezione in minigonna, tacchi a spillo e parrucca biondo platino, non sono matto io ma omofobi e razzisti tutti coloro che mi fanno notare che fino al giorno prima ero un insegnante di scienze caucasico di sessant'anni. Un tale contesto rende evidentemente impossibile qualsiasi autonomia effettiva di pensiero.

La cittadinanza globale che si vuole promuovere è in contraddizione con la diversità culturale perché la globalizzazione è incompatibile con le identità culturali. Viene infatti impiegato il termine "diversità culturali" che non sono identità ma sentimenti volubili e variabili in una fluidità culturale che è la negazione dell'identità e della cultura stessa. Del resto il fine è sempre quello di concorrere a uno "sviluppo sostenibile" che va inteso come una riduzione della popolazione e un impoverimento delle classi basse e intermedie, che in nome della sostenibilità devono rinunciare allo sviluppo e all'energia accessibile per tutti.

Analisi degli strumenti di attuazione del punto 4
Chiarito cosa si intenda per "istruzione di qualità", appaiono adesso chiare le linee generali indicate nei punti **4.a; 4.b; 4.c**. Si tratta di mettere i paesi, soprattutto quelli africani, in condizione di ricevere l'indottrinamento liberista/malthusiano, **"espandere sostanzialmente a livello globale il numero di borse di studio a disposizione dei paesi in via di sviluppo, in particolare dei paesi meno sviluppati, dei piccoli Stati insulari in via di sviluppo e dei paesi africani, per l'iscrizione all'istruzione superiore, comprendendo programmi per la formazione professionale e della tecnologia dell'informazione e della comunicazione,**

tecnici, ingegneristici e scientifici, nei paesi sviluppati e in altri paesi in via di sviluppo".

L'insistenza sui paesi africani lascia intendere che questo tipo di impostazione della scuola è già a buon punto in quelli industrializzati. L'attenzione posta sulla tecnologia dell'informazione e della comunicazione mostra l'importanza del controllo della popolazione tramite i media e tutte le tecnologie disponibili.

La "qualità" secondo il programma per l'istruzione dell'Agenda 2030 è l'opposto della "qualità" intesa nel senso greco e in tutta la tradizione culturale europea per oltre due millenni.

Una volta chiarito questo, il contrasto sul quarto punto dell'Agenda diventa un confronto tra civiltà alternative, tra la continuità con le nostre radici e una recisione netta in favore di un mondo regolato e ispirato alle leggi del mercato rivolte a un'umanità sottoposta ai principi della zootecnia.

AGENDA 2030
PUNTO 5
PARITÀ DI GENERE

Analisi del punto 5

Porre fine a ogni forma di discriminazione nei confronti di tutte le donne è un obiettivo molto importante ma che non prende in considerazione una cosa fondamentale: cosa si definisce "donna"?

Con l'affermarsi dei principi derivati dai Gender Studies con il termine "donna" si intende chiunque affermi di sentirsi tale; la donna smette di essere un'entità ben definita grazie alle sue peculiarità biologiche oltre che socioculturali e diventa un'entità astratta, un "termine ombrello" come lo definiscono negli USA, sotto il quale possiamo trovare un'infinità di altri termini e definizioni, tranne quella di "adulto di sesso femminile". Affermare che una donna è "un adulto di sesso femminile" che proprio per questo motivo è diversa da un "adulto di sesso maschile", negli USA è attualmente un'affermazione tabù. Chi osa fare pubblicamente una tale oltraggiosa affermazione in pubblico, viene tacciato di bigottismo, di violenza verbale, di calpestare i diritti umani e per questo è giusto che venga messo alla pubblica gogna prima e licenziato in tronco subito dopo.

Va da sé che introdurre nell'applicazione dei primi obiettivi dell'Agenda il concetto che il sesso è un costrutto sociale piuttosto che un'oggettiva realtà biologica, comporta un totale stravolgimento: la discriminazione a cui si pone fine è quella degli strumenti posti a tutela delle donne. Con l'applicazione della teoria del gender, esseri umani di sesso maschile potranno aggirare le misure poste proprio a protezione delle donne. In Canada, USA, Australia e Regno Unito, agli uomini è ora consentito di gareggiare negli sport femminili come antagonisti delle donne, utilizzare bagni e spogliatoi femminili, iscriversi a concorsi di bellezza, richiedere il trasferimento da un carcere maschile in uno femminile. Quello che in Italia è ancora un'ipotesi in fase di dibattimento, nei paesi anglofoni è già una realtà consolidata. La discriminazione nelle competizioni sportive o nella costruzione di spogliatoi, bagni e carceri per sole donne esistono al fine di tutelarle, ma "la fine di ogni forma di discriminazione" proposta dall'Agenda che si uniforma all'ideologia Woke ormai estremamente diffusa in Occidente, già le espone e continuerà a farlo a ogni forma di sopruso. La parità di genere ai tempi del Gender è un incubo per le donne. Davvero singolare appare poi l'importanza che nell'Agenda viene data al proposito di eliminare ogni forma di violenza e sfruttamento sessuale, ma anche in questo la sua attuazione si scontra con un risultato che produce l'esatto contrario rispetto al proposito enunciato. Il diffondersi della pratica della gestazione per conto terzi (utero in affitto), legalizza proprio lo sfruttamento sessuale del corpo delle donne nei paesi poveri. La giusta eliminazione dei matrimoni combinati e forzati non viene però accompagnata da una presa di posizione dell'Agenda a favore del diritto delle donne di venir messe nelle condizioni di potersi sposare. L'ONU non si preoccupa del fatto che le sempre maggiori condizioni di precarietà in molti paesi rendano di fatto impossibile sposarsi per chi lo desidera.

L'intento di dare un riconoscimento al lavoro domestico mediante la fornitura di servizi pubblici e infrastrutture è infine un modo per camuffare sotto forma di "servizi alla famiglia" ciò che in una società sviluppata sono i normali servizi rivolti a tutti. Il problema sono le basse retribuzioni e i tagli al welfare. Se non si denuncia questo, i propositi dell'Agenda restano nella migliore delle ipotesi dei buoni proponimenti ma, come già visto, l'affermarsi del neoliberismo va nella direzione esattamente opposta.

L'accesso alla "salute sessuale e riproduttiva" a cui si fa riferimento nell'Agenda non va intesa come l'intenzione di migliorare l'assistenza medica, aumentare il numero e la qualità delle sale parto e dei reparti di ginecologia, ma come l'aumento delle iniziative per il controllo delle nascite testimoniata dal riferimento alla conferenza di Pechino. L'impostazione neomalthusiana per la riduzione delle nascite delle conferenze di Pechino del giugno 2000 è stata denunciata da un gruppo di paesi riuniti nella sigla G77[6] che hanno visto in questo una forma di colonialismo e nelle ONG gli attuatori di tale colonizzazione culturale.

Le misure per aumentare l'autostima delle donne sono infine ancora una volta in netto contrasto con l'affermarsi della teoria del Gender. Non si capisce come possa aumentare l'autostima delle donne quando lo stesso definirsi tale dipende dalla propria percezione anche transitoria che qualunque uomo ha il diritto di possedere o quando termini come "madre, allattamento al seno, donna incinta, partoriente" vengono proibiti e sostituiti con "genitore uno e due, allattamento toracico, persona in grado di partorire, persona mestruante" in nome del politically correct e a tutela di tutti gli uomini che si sentono discriminati da questa "terminologia sessista" o quando l'umiliazione delle atlete da parte di maschi autodichiaratisi donna rende il termine "empowerment" usato per due volte di seguito tra gli strumenti attuativi, un'irrisione oltre che un'umiliazione.

La parità di genere delineata dall'Agenda è in realtà la negazione delle identità sessuali e il termine "parità" va sostituito con "omogeneizzazione". Nel mondo descritto i sessi fluidi rendono tutto uniforme realizzando una condizione non binaria che è la negazione stessa del concetto di sesso; una società di esseri indifferenziati con ogni desiderio tutelato sotto il nome di "diritto" tranne quello di costruire una famiglia perché farlo equivale a promulgare il concetto di patriarcato considerato dagli adepti dell'ideologia Woke il male assoluto.

---

[6] Sigla di un Gruppo riconosciuto in sede ONU di Settantasette paesi in via di sviluppo, costituito il 15 giugno 1964 che oggi ha raggiunto il numero di centotrentaquattro paesi.

Testo dell'Agenda al punto 5

5.1 Porre fine a ogni forma di discriminazione nei confronti di tutte le donne, bambine e ragazze in ogni parte del mondo.

5.2 Eliminare ogni forma di violenza contro tutte le donne, bambine e ragazze nella sfera pubblica e privata, incluso il traffico a fini di prostituzione, lo sfruttamento sessuale e altri tipi di sfruttamento.

5.3 Eliminare tutte le pratiche nocive, come il matrimonio delle bambine, forzato e combinato, e le mutilazioni dei genitali femminili.

5.4 Riconoscere e valorizzare il lavoro di cura e il lavoro domestico non retribuiti tramite la fornitura di servizi pubblici, infrastrutture e politiche di protezione sociale e la promozione della responsabilità condivisa all'interno del nucleo familiare, secondo le caratteristiche nazionali.

5.5 Garantire alle donne la piena ed effettiva partecipazione e pari opportunità di leadership a tutti i livelli del processo decisionale nella vita politica, economica e pubblica.

5.6 Garantire l'accesso universale alla salute sessuale e riproduttiva e ai diritti riproduttivi, come concordato in base al "Programma d'azione della Conferenza Internazionale sulla Popolazione e lo Sviluppo" e la "Piattaforma di Azione di Pechino" ed ai documenti finali delle conferenze di revisione

5.a Avviare riforme per dare alle donne pari diritti di accesso alle risorse economiche, come l'accesso alla proprietà e al controllo della terra e altre forme di proprietà, servizi finanziari, eredità e risorse naturali, in accordo con le leggi nazionali.

5.b Migliorare l'uso della tecnologia che può aiutare il lavoro delle donne, in particolare la tecnologia dell'informazione e della comunicazione, per promuovere l'empowerment, ossia la forza, l'autostima, la consapevolezza delle donne.

5.c Adottare e rafforzare politiche concrete e leggi applicabili per la promozione dell'eguaglianza di genere e l'empowerment, ossia la forza, l'autostima, la consapevolezza, di tutte le donne, bambine e ragazze a tutti i livelli.

Analisi degli obiettivi del punto 5

Si giunge nel punto 5 dell'Agenda 2030 ad affrontare la questione della parità di genere, locuzione che appare anch'essa nella sua vaghezza; bisogna prima capire cosa si intenda esattamente. I punti **5.1, 5.2 e 5.3** appaiono come di consueto ricchi di buoni propositi con i quali è impossibile non concordare: "**Porre fine a ogni forma di discriminazione nei confronti di tutte le donne, bambine e ragazze in ogni parte del mondo**"; "**Eliminare ogni forma di violenza contro tutte le donne, bambine e ragazze nella sfera pubblica e privata, incluso il traffico a fini di prostituzione, lo sfruttamento sessuale e altri tipi di sfruttamento**"; "**Eliminare tutte le pratiche nocive, come il matrimonio delle bambine, forzato e combinato, e le mutilazioni dei genitali femminili**". Appare intanto evidente che i problemi esposti appartengono solamente ai paesi del Terzo Mondo. Sono a loro indirizzati i propositi esposti e questo veicola il messaggio che nei paesi occidentali tutto vada bene o quantomeno molto meglio. È sempre il modello occidentale a prevalere implicando che la strada giusta è la globalizzazione intesa come uniformità a tale modello.

Il punto **5.4** propone ancora una volta di aumentare le misure di welfare per le famiglie "**Riconoscere e valorizzare il lavoro di cura e il lavoro domestico non retribuiti tramite la fornitura di servizi pubblici, infrastrutture e politiche di protezione sociale e la promozione della responsabilità condivisa all'interno del nucleo familiare**", ma come tutte le volte precedenti, non si osserva che il principale ostacolo all'attuazione delle suddette misure proviene dal modello neoliberista che proprio con la globalizzazione si vorrebbe imporre. Delle due cose se ne può proporre solo una: o si ha il welfare o si ha il liberismo. Appare quindi velleitario mettere in Agenda il welfare senza dichiarare guerra al neoliberismo.

L'Agenda sembra fatta per fallire, il suo scopo è il fallimento, consentendo di far penetrare i suoi dogmi nella società e nelle menti, con l'alibi di obiettivi impossibili e non finalizzati ad essere raggiunti.

Non ci soffermiamo sul **5.5** che proponendo pari opportunità per le donne si mantiene su una generica condivisibilità, più significativo è invece il **5.6** dove si afferma: "**Garantire l'accesso universale alla salute sessuale e riproduttiva e ai diritti riproduttivi, come concordato in base al "Programma d'azione della Conferenza Internazionale sulla Popolazione e lo Sviluppo" e la "Piattaforma di Azione di Pechino" ed ai documenti finali delle conferenze di revisione**". Come già detto, la locuzione "salute sessuale e riproduttiva" non significa aiutare ad avere figli ma a non averne. Si tratta di un termine neomalthusiano per promuovere la limitazione delle nascite.

Al riguardo il libro *Inchiesta sul darwinismo*[7] a pag 196 circa la conferenza Beijing+5 cita:

"Nella dichiarazione finale della conferenza, al punto IV, oltre ad altre iniziative ampiamente condivise, viene confermata l'inclusione della "salute riproduttiva" tra i diritti umani: "Sforzi crescenti sono necessari per fornire un uguale accesso all'educazione, alla salute, e ai servizi sociali e assicurare i diritti di donne e ragazze all'educazione e al godimento dei più alti standard ottenibili di salute fisica e mentale e di benessere attraverso tutto l'arco della vita, e così un'adeguata, conveniente ed universalmente accessibile cura della salute e servizi includenti la salute sessuale e riproduttiva".

Alcuni Paesi in via di sviluppo, riunitisi nell'organizzazione denominata G77, percepiscono però la "salute riproduttiva" come un mezzo per veicolare controlli malthusiani della popolazione. Alla conferenza si parla di "colonialismo sessuale". L'azione sulle politiche locali di controllo delle nascite sarà

---

[7] Enzo Pennetta, Ed Cantagalli - 2011

sostenuta dalle ONG con le quali dovranno interagire i governi: "I governi e le organizzazioni intergovernative riconoscono il contributo [autonomia] e il ruolo complementare delle ONG nell'assicurare l'attuazione della Piattaforma di Azione e si dovrebbe continuare a rafforzare la partnership con le ONG, in particolare con le organizzazioni delle donne, per contribuire all'effettiva realizzazione e controllo sulla Piattaforma di azione".

Nei primi anni del terzo millennio le politiche dell'ONU hanno continuato il percorso iniziato negli anni '70 confermandone le tendenze e le modalità. Contemporaneamente il ruolo delle ONG è cresciuto e ha proseguito nella costante opera di orientamento dell'opinione pubblica in direzione delle scelte neomalthusiane del Club di Roma.

Analisi degli strumenti attuativi del punto 5
Alla luce di quanto esposto i punti di intervento **5.a-b-c** appaiono come un condensato di generiche buone intenzioni e per questo facilmente condivisibili da tutti e che potranno veicolare un programma di controllo della popolazione.

Riguardo al presunto pericolo di una sovrappopolazione del pianeta si fa presente che in natura le popolazioni si autoregolano, fenomeno indicato da un andamento definito *curva sigma*.

E allo stesso modo anche le popolazioni umane si autoregolano. L'esempio è fornito dallo stesso Occidente che, raggiunto il benessere economico, ha visto spontaneamente scendere il numero dei figli andando oltre la stabilizzazione e spingendosi verso un declino demografico che costituisce oggi un serio problema. In sintesi basta portare il benessere e le popolazioni si autostabilizzano.

Il paradigma malthusiano per il quale bisogna ridurre la popolazione per eliminare la povertà va invertito: bisogna eliminare la povertà per stabilizzare la popolazione.

AGENDA 2030
PUNTO 6
ACQUA PULITA E SERVIZI IGIENICO SANITARI

Analisi del punto 6
Sull'accesso all'acqua potabile l'ONU sembra scrivere l'ennesimo temino scolastico nel quale l'alunno espone i suoi desideri di giustizia sociale senza fare una necessaria e seria analisi della situazione. Se all'ONU avessero studiato un po' di storia saprebbero che fin dai tempi dell'antica Roma il problema dell'acqua per la popolazione ha una soluzione: costruire acquedotti. L'acqua sul nostro pianeta è abbondante e per renderla disponibile a tutti si devono solamente realizzare le opere di ingegneria per accumularla e distribuirla, ovvero dighe e acquedotti, ma incredibilmente nel punto **6** dell'Agenda 2030 non troviamo mai scritta nessuna di queste due parole.
Un discorso analogo si può fare per la situazione igienico-sanitaria. Ancora una volta lo studente che svolge il tema avrebbe saputo che nell'antica Roma, per affrontare questo problema, venne realizzata la Cloaca Massima, la prima grande fognatura che è ancora oggi pienamente funzionante. Gli autori dell'Agenda dovrebbero anche sapere che le opere pubbliche per poter servire tutti (accesso universale), devono essere finanziate con denaro pubblico, perché far arrivare l'acqua nei luoghi poco abitati sarà inevitabilmente un'attività in perdita. Se l'acqua potabile diventa un bene privatizzato, dovrà invece soddisfare i requisiti di qualsiasi attività a fine di lucro; i privati con l'acqua ci devono guadagnare. Chiarito questo "dettaglio", uno dei punti che l'Agenda dovrebbe mettere in evidenza è che gli investimenti massicci necessari a realizzare quanto indicato non potranno che essere statali e ancora una volta gli autori del testo dovrebbero dire che nel mondo stanno invece prevalendo i principi neoliberisti che conducono esattamente nella direzione opposta. E dobbiamo

notare che, come in altri punti, anziché dire che i problemi della scarsità riguardano tutti i poveri, si pone all'attenzione dei lettori la situazione di donne e ragazze, effettuando uno spostamento dell'attenzione sulle questioni di genere e non su quelle economiche. Gli estensori dell'Agenda sembrano incredibilmente ignorare che la mancanza di servizi igienici è un problema causato dalla povertà e non dalle discriminazioni sessuali. In questo senso un po' tutta l'Agenda soffre di una distorsione di prospettiva di tipo freudiano; sembra che ogni problema dell'umanità sia riconducibile al sesso.

Dopo l'acqua potabile e i servizi igienici, il pensiero dei funzionari ONU va all'inquinamento industriale delle acque e con il consueto strabismo che contraddistingue tutta l'Agenda. Non viene considerato che l'inquinamento industriale è una conseguenza della massimizzazione di profitti, che porta a tagliare le spese improduttive; ripulire le acque dopo aver realizzato un prodotto commerciale è un costo che non va ad aumentare il valore di mercato del prodotto stesso.

Si parla infine di "efficienza idrica" senza fare riferimento alle reti di acquedotti. Cosa sarà allora questa efficienza idrica? Con questo termine ci si riferisce sia alla fonte che alla distribuzione. Stando a quanto si può vedere dalle attuali tendenze, questo si tradurrà in una pressione verso la privatizzazione dell'acqua potabile affermando il principio già visto in altri campi che il privato è più efficiente del pubblico, omettendo di ricordare quanto esposto da Noam Chomsky: "Questa è la strategia standard per privatizzare: togli i fondi, ti assicuri che le cose non funzionino, la gente si arrabbia e tu consegni al capitale privato."

Il cattivo funzionamento di qualsiasi servizio viene affrontato dall'Agenda senza mai fare riferimento a un miglioramento della gestione pubblica, traducendosi in una spinta verso la privatizzazione di tutto. Il mondo dipinto dall'Agenda è un paradiso delle privatizzazioni dove ogni aspetto della vita viene sottratto alla volontà popolare.

Vi è poi uno strano riferimento a una cooperazione transfrontaliera che non viene meglio chiarita, anche perché seguita da un "a seconda dei casi". Il che fa pensare che i casi siano quelli favorevoli ai rapporti di forza economica e militare, secondo l'assunto: "quello che è tuo è mio e quello che è mio è mio".

Si parla anche di proteggere e ripristinare gli ecosistemi legati all'acqua come montagne, fiumi, foreste etc, ma quella parolina innocente "ripristinare" essendo riferita alle attività umane, assume la valenza di una "pulizia etnica". Cosa significherebbe altrimenti "ripristinare"? La Natura diventa, in questa prospettiva, il bene supremo da tutelare. Da una prospettiva che poneva l'Uomo al centro, si passa a una che vi mette la Natura. Tale paradigma si era già visto negli anni '70 con il concetto di "Gaia" ovvero la terra personificata in un'antica divinità. Il termine Gaia venne introdotto dal chimico inglese James Lovelock nel 1979 il quale propose di considerare il nostro pianeta come un organismo vivente sul quale noi viviamo. E se uniamo questo con i concetti espressi dal fondatore del Club di Roma, Aurelio Peccei, ci vivremmo da parassiti su questo pianeta, o meglio, come un cancro di Gaia. La cooperazione internazionale a supporto dei paesi in via di sviluppo va intesa come la creazione di enti sovranazionali che orientano le politiche dei paesi in via di sviluppo, nella direzione di una uniformità di azioni che, denominata in altro modo, si può chiamare *globalizzazione*.

Dulcis in fundo, le piccole comunità locali dovranno vedersela da sole per quella gestione idrica e fognaria, che non può portare profitti e che quindi non interessa alla privatizzazione.

Testo dell'Agenda al punto 6
6.1 Entro il 2030, conseguire l'accesso universale ed equo all'acqua potabile sicura e alla portata di tutti.
6.2 Entro il 2030, raggiungere un adeguato ed equo accesso ai servizi igienico - sanitari e di igiene per tutti ed eliminare la defecazione all'aperto, con particolare attenzione ai bisogni

delle donne e delle ragazze e di coloro che si trovano in situazioni vulnerabili.

6.3 Entro il 2030, migliorare la qualità dell'acqua riducendo l'inquinamento, eliminando le pratiche di scarico non controllato e riducendo al minimo il rilascio di sostanze chimiche e materiali pericolosi, dimezzare la percentuale di acque reflue non trattate e aumentare sostanzialmente il riciclaggio e il riutilizzo sicuro a livello globale.

6.4 Entro il 2030, aumentare sostanzialmente l'efficienza idrica da utilizzare in tutti i settori e assicurare prelievi e fornitura di acqua dolce per affrontare la scarsità d'acqua e ridurre in modo sostanziale il numero delle persone che soffrono di scarsità d'acqua.

6.5 Entro il 2030, attuare la gestione integrata delle risorse idriche a tutti i livelli, anche attraverso la cooperazione transfrontaliera a seconda dei casi.

6.6 Entro il 2020, proteggere e ripristinare gli ecosistemi legati all'acqua, tra cui montagne, foreste, zone umide, fiumi, falde acquifere e laghi.

6.a Entro il 2030, ampliare la cooperazione internazionale e la creazione di capacità di supporto a sostegno dei paesi in via di sviluppo in materia di acqua e servizi igienico-sanitari legati, tra cui i sistemi di raccolta dell'acqua, la desalinizzazione, l'efficienza idrica, il trattamento delle acque reflue, le tecnologie per il riciclo e il riutilizzo.

6.b Sostenere e rafforzare la partecipazione delle comunità locali nel miglioramento della gestione idrica e fognaria.

Analisi degli obiettivi del punto 6

Quello dell'acqua potabile è un tema che si trova a metà tra le questioni ambientaliste e la lotta alla povertà e come quelli sin qui visti, ha come causa l'ineguaglianza generata dal darwinismo sociale[8] che è la base teorica del colonialismo e delle politiche liberiste e neoliberiste che l'Occidente ha applicato al proprio interno e nei paesi sottomessi.

Gli obiettivi posti ai punti **6.1** e **6.2** sono una conseguenza della povertà e quindi riconducibili al goal numero **1** dell'Agenda. Il punto **6.3** è invece collegato al grande tema ambientale che attraversa tutta l'Agenda, tema anch'esso riconducibile alla questione della massimizzazione dei profitti a scapito degli investimenti sul trattamento degli scarichi industriali.

Un aspetto nuovo viene invece introdotto al punto **6.4** in cui si pongono questioni che hanno come soluzione, in prospettiva, misure che aumentano la presenza del "mercato" nella vita sociale ed economica, paradossalmente la medesima prevalenza di leggi del mercato che, come abbiamo visto, sono all'origine proprio di diversi problemi posti dall'Agenda stessa. Dove si afferma: **"aumentare sostanzialmente l'efficienza idrica da utilizzare in tutti i settori e assicurare prelievi e fornitura di acqua dolce per affrontare la scarsità d'acqua e ridurre in modo sostanziale il numero delle persone che soffrono di scarsità d'acqua"**. Si legge un'accusa di inefficienza delle strutture attuali che sono sotto il controllo pubblico. L'argomento dell'inefficienza e degli sprechi è la premessa delle richieste di privatizzazione, meccanismo denunciato da Noam Chomsky il quale fa notare come la cattiva gestione dei beni pubblici sia lo strumento principale per portare l'opinione

---

[8] Applicazione allo studio delle società umane dei principi darwiniani della lotta per l'esistenza e della selezione naturale, diffusa nella seconda metà dell'Ottocento a opera dei pensatori positivisti, in particolare H. Spencer. La locuzione è rimasta nell'uso corrente soprattutto con significato polemico per indicare teorie razziste; alcune tesi del d. sono però state riprese dalla sociobiologia novecentesca.
-Dall'Enciclopedia Treccani -

pubblica ad accettare e infine a richiedere la cessione a privati che vengono presentati come gestori migliori, poiché sottoposti alle regole del mercato. In tutto questo si tace sul fatto che i privati, perseguendo il proprio profitto e non il benessere della popolazione, priveranno (termine che spiega bene cosa voglia dire "privatizzare") dei loro servizi quella parte di popolazione che non sarà conveniente raggiungere. Le piccole comunità isolate verranno lasciate senza acquedotti e i prezzi saliranno perché non terranno conto della capacità di spesa del cittadino, ma della soddisfazione degli azionisti. Si aprirebbe qui anche il discorso sulla *stakeholder economy* (stakeholder: persona/entità che ha un diretto interesse economico nel business in questione) che prevede una presenza attiva delle aziende sul territorio e una cooperazione sulle questioni sociali. Si tratta di un modello che mira a sostituire l'azione dello Stato con quella delle aziende che però, seguendo le leggi del mercato, faranno i propri interessi anche quando li dichiareranno a favore della collettività.

Visto in quest'ottica il punto **6.5** che propone di "**attuare la gestione integrata delle risorse idriche a tutti i livelli, anche attraverso la cooperazione transfrontaliera a seconda dei casi**" lascia intravedere l'intento di trasformare l'acqua in merce da vendere sul mercato internazionale, privando gli abitanti delle regioni interessate di un loro bene in cambio di profitti; la stessa situazione dei paesi del Terzo Mondo che permangono in stato di perenne povertà per vendere le loro materie prime a basso costo.

Nel punto **6.6** echeggia una generica "tutela dell'ambiente" che ancora una volta vede l'omissione delle cause del degrado ambientale come conseguenza della corsa alla competitività a scapito dei costi aggiuntivi di trattamento dei residui di lavorazione.

6.6 "**proteggere e ripristinare gli ecosistemi legati all'acqua, tra cui montagne, foreste, zone umide, fiumi,**

falde acquifere e laghi". Questo punto trova un'attuazione con misure come il *Nature Restoration Law*, approvato dal Parlamento UE il 12 luglio 2023. In questo caso la parola "protezione" si traduce in un allontanamento delle realizzazioni umane da intere sezioni di territorio; la Natura, per essere tutelata, va preservata dalle attività umane. In un'economia di mercato non sono previste spese che consentano la convivenza di comunità umane e l'integrità della Natura.

Analisi degli strumenti di attuazione del punto 6
Le soluzioni prospettate al punto **6.a "ampliare la cooperazione internazionale e la creazione di capacità di supporto a sostegno dei paesi in via di sviluppo in materia di acqua e servizi igienico-sanitari legati, tra cui i sistemi di raccolta dell'acqua, la desalinizzazione, l'efficienza idrica, il trattamento delle acque reflue, le tecnologie per il riciclo e il riutilizzo"** vanno proprio nella direzione di una internazionalizzazione delle soluzioni che da una parte potrà essere la strada per una commercializzazione dell'acqua potabile e a sua volta aprire a una quotazione in borsa e alle inevitabili speculazioni finanziarie. Non è difficile immaginare dei *futures* collegati alle sue quotazioni e concessioni di prestiti e finanziamenti per l'effettuazione di grandi lavori che potranno essere realizzati solamente dalle grandi imprese, con relativo ritorno dei capitali investiti nei paesi ricchi. Da notare che le spese per il trattamento delle acque non gravano mai sulle aziende che quindi si trovano a privatizzare i profitti e a far gravare sulla società i costi.

Il **6.b** mira a scaricare sulle comunità locali l'onere della rete idrica e fognaria. La distribuzione ai singoli utenti e la rete fognaria non interessano alle grandi società e sono quindi lasciate all'iniziativa dei piccoli paesi e città che, prese da una situazione economica sfavorevole, avranno difficoltà a conseguire gli obiettivi indicati.

AGENDA 2030
PUNTO 7
ENERGIA PULITA E ACCESSIBILE

Analisi del punto 7
L'inizio di questo punto dedicato all'energia farebbe già pensare che l'Agenda chieda di smetterla con le follie *Green* e di tornare al petrolio. Parlare infatti di prezzi accessibili e fonti affidabili è una cosa possibile solo con l'impiego delle tradizionali fonti fossili, se poi vogliamo essere proprio "moderni", dovremmo pensare anche al nucleare. Altre tecnologie come l'eolico e il fotovoltaico possono essere definite "moderne" nel senso letterale di "alla moda". Il loro impiego non è infatti economicamente conveniente tanto che viene incentivato con contributi e sussidi di vario genere. Se fossero veramente fonti convenienti, si affermerebbero da sole; nessuno ha mai dovuto dare incentivi per passare dalle candele alle lampadine o dal cavallo all'automobile.

Ma che si voglia puntare alle "fonti alla moda", viene subito confermato quando si parla di "aumentare le quote di energie rinnovabili" e che queste da sole non siano sufficienti, viene detto usando il termine "mix energetico". In poche parole, alla transizione Green non ci crede neanche l'Agenda!

Persino quando si parla di migliorare l'efficienza energetica, appare subito evidente anche a uno studente di fisica che questa non può avvenire con l'impiego ad esempio delle auto elettriche o peggio ancora ibride. Secondo i principi della termodinamica infatti, ogni trasformazione dell'energia avviene con una dispersione. Caricare le batterie di un'auto ibrida con la benzina del motore a benzina, comporta uno spreco rispetto a un'auto con il solo motore a benzina. Caricare le batterie di un'auto elettrica con la corrente prodotta da centrali a petrolio o a gas, comporta una dissipazione rispetto all'impiego diretto di tali fonti.

La collaborazione internazionale che si auspica non potrà cambiare le leggi della fisica e le energie "rinnovabili" sono allo stato attuale delle risorse meno convenienti rispetto all'utilizzo del fossile.

La cooperazione internazionale sarà sempre fra paesi ricchi che impiegano i combustibili fossili e quelli poveri che verranno "aiutati" a condizione che vi rinuncino, che rinuncino cioè a industrializzarsi. Questa carenza energetica indotta per i paesi poveri, occupa pienamente la parte finale del documento ONU riguardo l'energia. Il continente africano è ad esempio quasi del tutto privo di centrali elettriche pur essendo ricco di petrolio e uranio, ma non potrà attingere a quelle risorse che dovranno invece andare nei paesi che già le utilizzano. Al riguardo il colpo di stato nel Niger dell'estate 2023 ha portato all'attenzione dell'opinione pubblica il fatto che questo paese fornisce il 15% dell'uranio necessario alle centrali francesi, mentre si trova in una cronica e drammatica condizione di mancanza di energia elettrica.

L'energia è per i paesi industrializzati dell'Occidente, il Terzo Mondo dovrà accontentarsi di pannelli solari e forse pale eoliche. La globalizzazione dell'Agenda 2030 prevede un mondo di paesi poveri che continueranno a essere poveri, ma in un modo un po' più colorato e dove la povertà sarà una virtù per "salvare il pianeta".

Testo dell'Agenda al punto 7

7.1 Entro il 2030, garantire l'accesso universale ai servizi energetici a prezzi accessibili, affidabili e moderni.

7.2 Entro il 2030, aumentare notevolmente la quota di energie rinnovabili nel mix energetico globale.

7.3 Entro il 2030, raddoppiare il tasso globale di miglioramento dell'efficienza energetica.

7.a Entro il 2030, rafforzare la cooperazione internazionale per facilitare l'accesso alla tecnologia e alla ricerca di energia pulita, comprese le energie rinnovabili, all'efficienza energetica e alla tecnologia avanzata e alla più pulita tecnologia derivante dai combustibili fossili, e promuovere gli investimenti nelle infrastrutture energetiche e nelle tecnologie per l'energia pulita.

7.b Entro il 2030, espandere l'infrastruttura e aggiornare la tecnologia per la fornitura di servizi energetici moderni e sostenibili per tutti i paesi in via di sviluppo, in particolare per i paesi meno sviluppati, i piccoli Stati insulari, e per i paesi in via di sviluppo senza sbocco sul mare, in accordo con i loro rispettivi programmi di sostegno.

Analisi degli obiettivi del punto 7
La questione energetica è centrale riguardo agli eventi e alle trasformazioni che avverranno negli anni che vanno dal 2020 al 2030. L'energia è ciò che permette di risolvere i problemi della povertà ed è legata alla questione ambientale. Sorprende quindi che nell'Agenda 2030 i punti che la riguardano siano trattati brevemente, senza scendere troppo nei dettagli.

Un motivo di questa superficialità può forse risiedere nel fatto che l'inconsistenza delle formule proposte è facilmente evidenziabile e soffermarsi sui dettagli potrebbe contribuire a rivelare quanto siano fallimentari le politiche ipotizzate.

Ad esempio già i punti **7.1** e **7.2** appaiono immediatamente contraddittori cercando di mettere insieme obiettivi come "**garantire l'accesso universale ai servizi energetici a prezzi accessibili, affidabili e moderni**" con "**aumentare notevolmente la quota di energie rinnovabili nel mix energetico globale**". L'accesso all'energia per tutti non può essere realisticamente pensato se non facendo un massiccio ricorso all'impiego di combustibili fossili. Anche l'idea di aumentare le quote di energia rinnovabile comporterebbe una minore disponibilità totale di energia. La transizione Green, con le tecnologie realmente disponibili, significa una minore disponibilità energetica per tutti e inevitabilmente con un maggior costo che andrà a penalizzare proprio quei paesi del Terzo Mondo e i ceti più poveri che nelle intenzioni si vorrebbero aiutare. Anche il punto **7.3** che intende "**raddoppiare il tasso globale di miglioramento dell'efficienza energetica**" è insostenibile per i paesi in via di sviluppo, perché significa investire ingenti risorse per un ritorno non proporzionato. Un esempio immediatamente comprensibile è stata l'iniziativa del "cappotto termico" la cui attuazione sarebbe insostenibile anche per la maggior parte degli abitanti di un paese sviluppato come l'Italia.

Analisi degli strumenti di attuazione a punto 7
Le azioni proposte nei punti **7.a** e **7.b** sono come sempre estremamente generiche. Si parla di rafforzare la cooperazione internazionale e sviluppare la tecnologia, ma il bilancio energetico resterà invariato nel periodo fino al 2030. L'unica cosa realizzabile sarà una diminuzione dell'impiego dei combustibili fossili che comporterà un cambiamento degli stili di vita nei paesi sviluppati e un aggravarsi della già difficile situazione in quelli poveri. Il goal dell'energia pulita e accessibile fallirà portando a un peggioramento per tutti. Rimarrà solamente un cambiamento degli stili di vita e una società diversa da quella che avevamo all'inizio del terzo millennio, più povera ma convinta che sia giusto così, colpevolizzata e quindi senza rivendicazioni di una vita migliore.

AGENDA 2030
PUNTO 8
LAVORO DIGNITOSO E CRESCITA ECONOMICA

Analisi del punto 8

Il punto **8** è uno di quelli in cui emerge con particolare evidenza la non attuabilità dell'Agenda. È infatti impossibile sostenere l'idea di una crescita economica pro-capite senza mettere in discussione il modello neoliberista dominante nel commercio mondiale. Il modello neoliberista che a partire dagli anni '80 ha portato a ridurre sempre più i salari in nome della competitività delle aziende nel mercato globalizzato. Il riferimento che da subito viene fatto al reddito nei paesi meno sviluppati, è al limite del ridicolo. Sono infatti le politiche neocolonialiste dei paesi sviluppati a richiedere che i prodotti provenienti dal Terzo Mondo siano commerciati a prezzi irrisori, che vengano ottenuti con lavori sottopagati e svolti in condizioni di lavoro prossime alla schiavitù. Un esempio in tal senso sono le miniere di coltan che viene impiegato nelle componenti elettroniche più avanzate e necessarie alla rivoluzione Green dove lo sfruttamento del lavoro minorile in condizioni disumane è la norma.

Significativo è il riferimento dell'Agenda all'aumento della produttività. Un interesse che evidenzia un orientamento a favorire la competizione commerciale e non il miglioramento delle condizioni dei lavoratori. Se gli aumenti di produttività vanno ad abbassare il costo dei prodotti e non ad abbassare le ore di lavoro e aumentare i salari, la crescita economica pro-capite non solo non avverrà ma ci saranno pressioni per abbassare le retribuzioni. Anche l'intenzione di scindere la crescita economica dal degrado ambientale è resa vana dalla mancata denuncia dei meccanismi che portano a tale situazione, che sono poi gli stessi che portano a salari bassi e a condizioni di lavoro non dignitose. È la priorità della competizione commerciale che conduce a preferire sistemi di produzione meno costosi e quindi più inquinanti. La priorità data agli interessi del mercato per un prodotto che costi il meno possibile è all'origine di molti problemi sollevati dall'Agenda 2030, ma questo non viene mai affrontato.

Ancora al limite del ridicolo l'aspirazione a ottenere la piena occupazione. La disoccupazione è uno strumento fondamentale per tenere i salari bassi e ancora una volta non si può attuare questo punto dell'Agenda senza parlare del problema dell'economia neoliberista. Il problema è evidenziato dalla questione dell'immigrazione dai paesi del Terzo Mondo; come può esistere un problema di disoccupazione se al tempo stesso si dichiara necessaria l'immigrazione per soddisfare le richieste di lavoro? La risposta è semplice: le richieste di lavoro sono per posti sottopagati, i cosiddetti "lavori che gli italiani non vogliono più fare" e che sono quelli con paghe umilianti.

L'obiettivo di eliminare ogni forma di schiavitù appare a questo punto come un semplice gioco linguistico. Abbiamo già visto che la povertà si eliminerà rendendo tutti poveri ("non avrai nulla e sarai felice": World Economic Forum) così la schiavitù si eliminerà rendendo tutti schiavi.

La condizione dello schiavo è quella di chi lavora in cambio della sopravvivenza e che non possiede nulla. L'unica differenza tra il lavoratore sottopagato del mondo neoliberista e lo schiavo tradizionale è che il lavoratore non è di proprietà di qualcuno ma questo non è più necessario. Non c'è alcun bisogno di rendere di proprietà qualcosa che è disponibile in quantità illimitata. Lo schiavista aveva interesse a mantenere in salute la sua proprietà, lo schiavo, il moderno schiavista non ha più neanche questo problema; la salute dello schiavo non lo riguarda, ne può trovare altri con cui sostituirlo senza costi aggiuntivi.

L'azione contro il lavoro minorile va intesa con l'eccezione di quello richiesto dalle leggi sulla *buona scuola*. L'alternanza scuola/lavoro, oggi ridenominata PCTO (percorsi per le competenze trasversali e l'orientamento) in virtù di una cosmesi linguistica che abbellisce cose brutte, spinge i minorenni a lavorare senza retribuzione. Viene anche indicata un'azione per ambienti di lavoro sicuri, ma la tutela della salute dei lavoratori non si spinge a chiedere orari di lavoro contenuti e adeguate pause durante la giornata. L'attenzione verso i migranti non lascia spazio alle problematiche della sopravvivenza in condizioni abitative precarie e non igieniche imposte dai bassi compensi. Ancora una volta le lacune dell'Agenda nascono dal non prendere in considerazione l'origine dei problemi, ma solamente dal proporre generiche soluzioni destinate a fallire.

Si parla anche di "turismo sostenibile" e che valorizzi i prodotti locali, senza specificare quale sarebbe quello "insostenibile". Insomma, vengono scoraggiati gli spostamenti di cose e persone; il turismo sostenibile è un turismo di élite in nome della sostenibilità e dell'ambiente. L'intera Agenda 2030 si oppone agli spostamenti[9]. Il mondo globalizzato dev'esserlo solo per i capitali e i grandi commerci, le persone è bene che se ne stiano a casa, meglio ancora se nelle loro città-ghetto da 15 minuti.

I paesi poveri saranno infine invitati a indebitarsi di più. Poco interessa all'ONU che i debiti contratti in passato si siano rivelati delle zavorre pesantissime per le economie deboli, che hanno visto i loro redditi prendere la via delle banche a cui devono restituire il denaro. Tutto questo non viene nominato dall'Agenda che volutamente ignora quanto ebbe a dire il presidente del Burkina Faso, Thomas Sankara, già nel luglio del 1987 davanti all'Organizzazione dell'Unione Africana: "Il debito è la prosecuzione del colonialismo con i colonizzatori trasformati in assistenti tecnici (...) sono loro che ci hanno proposto i canali di finanziamento (...) siamo stati portati a compromettere i nostri popoli per 50 anni (...). Il debito, nella sua forma attuale, controllato e dominato dall'imperialismo, è

---

[9] Nell'edizione del 2022 del meeting di Davos del 2022 è stato detto durante un incontro che i viaggi reali saranno solo per i ricchi mentre i poveri potranno usufruire del metaverso. https://youtu.be/XZAjv3MbCK4

una riconquista dell'Africa sapientemente organizzata, in modo che la sua crescita e il suo sviluppo obbediscano a norme che ci sono completamente estranee, così che tutti noi siamo resi schiavi della finanza". Sankara veniva poi assassinato nell'ottobre dello stesso anno.

Si parla infine solo di commercio estero. L'ideale dell'Agenda è un mondo dove ciascuno produce per vendere all'estero; lo sviluppo del mercato interno e della domanda interna non interessano ai redattori. L'Agenda è un programma per la globalizzazione.

Testo dell'Agenda al punto 8
8.1 Sostenere la crescita economica pro-capite a seconda delle circostanze nazionali e, in particolare, almeno il 7 per cento di crescita annua del prodotto interno lordo nei paesi meno sviluppati.
8.2 Raggiungere livelli più elevati di produttività economica attraverso la diversificazione, l'aggiornamento tecnologico e l'innovazione, anche attraverso un focus su settori ad alto valore aggiunto e settori ad alta intensità di manodopera.
8.3 Promuovere politiche orientate allo sviluppo che supportino le attività produttive, la creazione di lavoro dignitoso, l'imprenditorialità, la creatività e l'innovazione, e favorire la formalizzazione e la crescita delle micro, piccole e medie imprese, anche attraverso l'accesso ai servizi finanziari.
8.4 Migliorare progressivamente, fino al 2030, l'efficienza delle risorse globali nel consumo e nella produzione nel tentativo di scindere la crescita economica dal degrado ambientale, in conformità con il quadro decennale di programmi sul consumo e la produzione sostenibili, con i paesi sviluppati che prendono l'iniziativa.
8.5 Entro il 2030, raggiungere la piena e produttiva occupazione e un lavoro dignitoso per tutte le donne e gli uomini, anche per i giovani e le persone con disabilità, e la parità di retribuzione per lavoro di pari valore.

8.6 Entro il 2020, ridurre sostanzialmente la percentuale di giovani disoccupati che non seguano un corso di studi o che non seguano corsi di formazione.

8.7 Adottare misure immediate ed efficaci per eliminare il lavoro forzato, porre fine alla schiavitù moderna e al traffico di esseri umani e assicurare la proibizione e l'eliminazione delle peggiori forme di lavoro minorile, incluso il reclutamento e l'impiego di bambini-soldato, e, entro il 2025, porre fine al lavoro minorile in tutte le sue forme.

8.8 Proteggere i diritti del lavoro e promuovere un ambiente di lavoro sicuro e protetto per tutti i lavoratori, compresi i lavoratori migranti, in particolare le donne migranti, e quelli in lavoro precario.

8.9 Entro il 2030, elaborare e attuare politiche volte a promuovere il turismo sostenibile, che crei posti di lavoro e promuova la cultura e i prodotti locali.

8.10 Rafforzare la capacità delle istituzioni finanziarie nazionali per incoraggiare e ampliare l'accesso ai servizi bancari, assicurativi e finanziari per tutti.

8.a Aumentare gli aiuti per il sostegno al commercio per i paesi in via di sviluppo, in particolare i paesi meno sviluppati, anche attraverso il "Quadro Integrato Rafforzato per gli Scambi Commerciali di Assistenza Tecnica ai Paesi Meno Sviluppati".

8.b Entro il 2020, sviluppare e rendere operativa una strategia globale per l'occupazione giovanile e l'attuazione del "Patto globale dell'Organizzazione Internazionale del Lavoro".

Analisi degli obiettivi del punto 8
Le intenzioni dichiarate dell'Agenda 2030 in tema di lavoro dignitoso e crescita economica, raggiungono probabilmente il massimo della contraddittorietà e quindi dell'impossibilità di attuazione. I punti **8.1-2-3** sono dei vuoti giri di parole per ripetere le intenzioni espresse nel goal senza aggiungere nulla di sostanziale; sono le ennesime buone intenzioni generiche diluite su tre punti. Qualcosa di più preciso si comincia a vedere al punto **8.4** dove si parla di **"scindere la crescita**

economica dal degrado ambientale, in conformità con il quadro decennale di programmi sul consumo e la produzione sostenibili, con i paesi sviluppati che prendono l'iniziativa". Sapendo che il degrado ambientale è conseguenza della massimizzazione dei profitti che passa anche attraverso la riduzione delle spese per il trattamento dei residui di produzione e la commercializzazione di prodotti di scarsa qualità che devono trasformarsi al più presto in rifiuti (vedi obsolescenza programmata), porsi come traguardo la scissione tra crescita economica e degrado ambientale, senza segnalare l'incompatibilità di questo obiettivo con le politiche neoliberiste, significa ancora una volta andare verso un fallimento annunciato.

Ancor più illusorio, o meglio fraudolento, è l'obiettivo posto al punto **8.5** dove si parla di **"raggiungere la piena e produttiva occupazione e un lavoro dignitoso per tutte le donne e gli uomini, anche per i giovani (...)"**. Si entra nella fattispecie della frode poiché si propone qualcosa che si sa chiaramente di non poter mantenere. Non si può perseguire la piena occupazione perché questo minerebbe uno dei capisaldi del liberismo e cioè la disponibilità di manodopera abbondante e a basso costo. Con la piena occupazione salirebbero le richieste salariali e le rivendicazioni sindacali. La disoccupazione programmata è irrinunciabile per le economie che basano la loro competitività sullo sfruttamento dei lavoratori sottopagati. Anche le proposte di salario minimo vengono avanzate in modo tale da sfavorire i lavoratori; la contrattazione di un salario minimo troppo basso diventerà la base legislativa per giustificare il lavoro sottopagato.

Il punto **8.6** poi afferma **"ridurre sostanzialmente la percentuale di giovani disoccupati che non seguano un corso di studi o che non seguano corsi di formazione"**. Questo appare un modo per mascherare la disoccupazione programmata dietro attività che tengano i giovani impegnati, senza però contribuire sostanzialmente ad aumentare l'occupazione.

Significativo il punto 8.7 dove ci si prefigge di "**Adottare misure immediate ed efficaci per eliminare il lavoro forzato, porre fine alla schiavitù moderna e al traffico di esseri umani e assicurare la proibizione e l'eliminazione delle peggiori forme di lavoro minorile, incluso il reclutamento e l'impiego di bambini-soldato, e, entro il 2025, porre fine al lavoro minorile in tutte le sue forme**".

È questo chiaramente un proposito che in un'economia di mercato neoliberista assume quasi il sapore di una beffa nei confronti degli stessi lavoratori occidentali. Se la condizione di schiavo si può riassumere in quella di chi lavora in cambio della sola sopravvivenza, sono proprio i lavoratori del mondo neoliberista a essere posti nella condizione di schiavi e quelli del resto del mondo non potranno essere da meno visto che tale modello viene proposto come inevitabile e quindi imposto a ogni paese. Il lavoro minorile che viene condannato è di fatto impiegato per favorire le esportazioni a basso costo dai paesi del Terzo Mondo, esempi conosciuti sono quelli dei minori sfruttati nelle miniere di coltan, minerale indispensabile per la costruzione degli smartphone.

Nel punto 8.8 troviamo: "**Proteggere i diritti del lavoro e promuovere un ambiente di lavoro sicuro e protetto per tutti i lavoratori, compresi i lavoratori migranti, in particolare le donne migranti, e quelli in lavoro precario**". Interessante come si parli di "diritti del lavoro" e non dei "lavoratori", differenza non irrilevante. A parte questo, ancora una volta l'obiettivo può essere raggiunto solamente mettendo in discussione i dogmi del neoliberismo che spingono a massimizzare i profitti a scapito di stipendi e interventi a favore delle condizioni di lavoro. I migranti, nella loro condizione di "esercito industriale di riserva", servono ad abbassare le richieste dei lavoratori, chiedere migliori condizioni per loro senza denunciare il modello economico imposto dall'Occidente è un'attività ingannevole.

Ed eccoci al punto **8.9** che si occupa di **"elaborare e attuare politiche volte a promuovere il turismo sostenibile, che crei posti di lavoro e promuova la cultura e i prodotti locali"**.
Qui una particolare attenzione viene posta sul turismo "sostenibile". Questo termine viene impiegato per indicare una riduzione riguardo una determinata attività, un modo per dire che il turismo deve essere limitato e di conseguenza gli spostamenti. Mentre le migrazioni vengono accettate come inevitabili, si pone l'attenzione sullo spostamento per turismo che viene di fatto posto in una luce negativa. La cultura assume l'aspetto di un prodotto da vendere insieme a quelli artigianali e agricoli, qualcosa da "turisti" ovvero quei pochi privilegiati in grado di spostarsi in modo "sostenibile".

Infine il punto **8.10** si propone di **"Rafforzare la capacità delle istituzioni finanziarie nazionali per incoraggiare e ampliare l'accesso ai servizi bancari, assicurativi e finanziari per tutti"**. L'indebitamento deve essere incoraggiato. Non si parla di interventi statali a favore dei singoli o delle piccole imprese, ponendo l'attenzione solamente sull'ampliamento dell'accesso ai servizi finanziari. Si contrastano le politiche economiche keynesiane per abbracciare pienamente l'ottica neoliberista. Questo porterà di fatto a un alto rischio per chi vorrà iniziare un'attività economica o svilupparla, ma è un rischio che nella prospettiva del darwinismo sociale è necessario per selezionare le migliori iniziative ed eliminare quelle in difficoltà.

Analisi degli strumenti di attuazione del punto 8
Le soluzioni proposte nel punto **8.a** riguardano un aumento **"degli aiuti per il sostegno al commercio per i paesi in via**

di sviluppo, in particolare i paesi meno sviluppati, anche attraverso il "Quadro Integrato Rafforzato per gli Scambi Commerciali di Assistenza Tecnica ai Paesi Meno Sviluppati".

L'organismo indicato (in inglese Enhanced Integrated Framework), nella pagina dedicata sul sito dell'ONU viene così descritto:

"Il quadro integrato rafforzato (EIF) aiuta i paesi meno sviluppati a utilizzare il commercio come motore per la crescita, lo sviluppo sostenibile e la riduzione della povertà. Lavorando a stretto contatto con i governi, le organizzazioni di sviluppo e la società civile, l'EIF sostiene i paesi meno sviluppati attraverso il lavoro analitico, il sostegno istituzionale e i progetti di sviluppo delle capacità produttive per garantire che il commercio funzioni come un percorso per lo sviluppo e la riduzione della povertà. L'EIF attualmente collabora con quarantasei paesi meno sviluppati, cinque paesi recentemente promossi, ventiquattro donatori e otto agenzie partner.

L'EIF fornisce le seguenti forme di supporto:

A) Studi analitici che aiutano i paesi meno sviluppati a determinare i loro maggiori vincoli all'integrazione commerciale e a dare priorità alle azioni per affrontarli di conseguenza;

B) Scambi di progetti di rafforzamento delle capacità istituzionali per migliorare il contesto commerciale per uno sviluppo sostenibile e inclusivo;

C) Progetti di sviluppo delle capacità del settore produttivo per garantire maggiori esportazioni e l'accesso ai mercati internazionali per i paesi meno sviluppati;

D) Progetti tematici e regionali per affrontare le priorità trasversali e promuovere i collegamenti regionali".

Appare evidente la spinta a non sviluppare i mercati interni come motore di sviluppo. Tutte le energie dovranno essere indirizzate verso le esportazioni e i beni prodotti destinati ad altri. Questo sistema è proprio dell'impostazione neoliberista che scoraggia il commercio interno di un paese per abbassare i salari e con essi il costo dei prodotti che dovranno essere competitivi sui mercati esteri. Il commercio estero in presenza di un mercato interno depresso, non è la soluzione al problema della povertà ma una fabbrica di povertà. La competizione sui mercati internazionali richiede il meccanismo della deflazione salariale ovvero della riduzione degli stipendi dei lavoratori per abbassare il costo dei prodotti.

Questo è il vero goal del punto **8** dell'Agenda 2030. La proposta **8.b** rimanda all'applicazione del **"Patto globale dell'Organizzazione Internazionale del Lavoro"** come viene definito sul sito della International Labour Organization, è "Una serie di misure politiche equilibrate e realistiche che i paesi, con il sostegno di istituzioni regionali e multilaterali, possono adottare per alleviare l'impatto della crisi e accelerare la ripresa dell'occupazione. Adottato nel giugno 2009 dall'Organizzazione internazionale del lavoro, invita i suoi Stati membri a porre le opportunità di lavoro dignitoso al centro delle loro risposte alle crisi. Affronta l'impatto sociale della crisi globale sull'occupazione e propone politiche incentrate sul lavoro affinché i paesi si adattino alle loro esigenze nazionali".
In definitiva un richiamo a principi generici per alleviare l'impatto della crisi e accelerare la ripresa dell'occupazione, poco più che una scatola colorata vuota.

AGENDA 2030
PUNTO 9
IMPRESE INNOVAZIONE INFRASTRUTTURE

Analisi del punto 9

L'idea di sviluppare infrastrutture "*resilienti*" fa già pensare al peggio. La resilienza, come è noto, è la capacità di sopportare situazioni avverse non intervenendo sulle cause per eliminarle. Anche il termine "sostenibili" fa pensare a una politica al ribasso. Per "sostenibile" si intende qualcosa che non abbia una grande rilevanza per l'ambiente. Cos'è un'autostrada o una ferrovia sostenibile? Una volta inserite "sostenibilità e resilienza" anche i termini "qualità" e "affidabilità" assumono un aspetto dubbio. Le infrastrutture che ha in mente l'Agenda sono al risparmio, poco rilevanti per l'ambiente e con poca manutenzione, roba da Terzo Mondo quindi. L'uguaglianza sembra che non si risolverà elevando la qualità delle infrastrutture dei paesi poveri, ma livellando a quegli standard quelle degli altri paesi. Anche l'industrializzazione sostenibile e inclusiva non lascia intravedere niente di buono. In poche parole lo scopo è non industrializzare affatto, perché se l'inclusività tende a estendere a molti il beneficio, la "sostenibilità" di fatto significa limitare molto l'industrializzazione stessa. I paesi industrializzati rallenteranno la loro industrializzazione e quelli in via di sviluppo la vedranno praticamente negata in nome della transizione Green che impedirà l'accesso all'energia abbondante e a basso costo.

A cosa servirà una disponibilità di finanziamenti a prezzi accessibili se le condizioni relative all'energia non saranno adeguate? Finanziando progetti che non possono essere remunerativi, si prospetta solamente una nuova creazione di debito insostenibile. La stessa cosa che è successa con interi paesi finanziati dalla Banca Mondiale su progetti illusori; si è creato il debito dei paesi poveri e adesso si prospetta un debito analogo a livello delle singole imprese.

La richiesta di nuove tecnologie per rendere le industrie "sostenibili", significa aumentare i costi a livelli insostenibili per le realtà del Terzo Mondo. Per i paesi poveri la richiesta di sostenibilità ambientale è in realtà una certezza di insostenibilità economica.

Come sarà poi possibile potenziare la ricerca scientifica nei paesi in via di sviluppo se le loro economie saranno legate dalla richiesta di sostenibilità e le loro finanze impoverite dal debito contratto per prestiti infruttuosi stipulati con istituzioni internazionali? Nessuno sviluppo della ricerca potrà avere luogo se non si liberano i paesi poveri dai lacci del debito e dalle strozzature dall'accesso all'energia. Su questo l'Agenda si pone in una posizione non solo inadeguata ma ipocrita verso i paesi che dichiara di voler aiutare.

Infine viene posta l'attenzione sulle tecnologie dell'informazione e delle comunicazioni. E ancora una volta non si analizza il motivo per cui queste tecnologie sono ancora poco presenti, non si affronta la questione di un sottosviluppo funzionale al mantenimento di prezzi bassi delle materie prime che vengono esportate verso i paesi industrializzati.

Una cosa dovrebbe fare l'ONU, denunciare lo sfruttamento neocoloniale dei paesi poveri. Ma su questo non viene detto nulla, solo "*resilienza, incisività e sostenibilità*", parole che suonano come un insulto a intere popolazioni tenute nel sottosviluppo per gli interessi di una minoranza della popolazione mondiale che in questa Agenda non viene mai nominata.

Testo dell'Agenda al punto 9

9.1 Sviluppare infrastrutture di qualità, affidabili, sostenibili e resilienti, comprese le infrastrutture regionali e transfrontaliere, per sostenere lo sviluppo economico e il benessere umano, con particolare attenzione alla possibilità di accesso equo per tutti.

9.2 Promuovere l'industrializzazione inclusiva e sostenibile e, entro il 2030, aumentare in modo significativo la quota del settore di occupazione e il prodotto interno lordo, in linea con la situazione nazionale, e raddoppiare la sua quota nei paesi meno sviluppati.

9.3 Aumentare l'accesso dei piccoli industriali e di altre imprese, in particolare nei paesi in via di sviluppo, ai servizi finanziari, compreso il credito a prezzi accessibili, e la loro integrazione nelle catene e nei mercati di valore.

9.4 Entro il 2030, aggiornare le infrastrutture e ammodernare le industrie per renderle sostenibili, con maggiore efficienza delle risorse da utilizzare e una maggiore adozione di tecnologie pulite e rispettose dell'ambiente e dei processi industriali, in modo che tutti i paesi intraprendano azioni in accordo con le loro rispettive capacità.

9.5 Potenziare la ricerca scientifica, promuovere le capacità tecnologiche dei settori industriali in tutti i paesi, in particolare nei paesi in via di sviluppo, anche incoraggiando, entro il 2030, l'innovazione e aumentando in modo sostanziale il numero dei lavoratori dei settori ricerca e sviluppo ogni milione di persone e la spesa pubblica e privata per ricerca e sviluppo.

9.a Facilitare lo sviluppo sostenibile e resiliente delle infrastrutture nei paesi in via di sviluppo attraverso un maggiore sostegno finanziario, tecnologico e tecnico ai paesi africani, ai paesi meno sviluppati, ai paesi in via di sviluppo senza sbocco sul mare e ai piccoli Stati insulari in via di sviluppo.

9.b Sostenere lo sviluppo della tecnologia domestica, la ricerca e l'innovazione nei paesi in via di sviluppo, anche assicurando un ambiente politico favorevole, tra le altre cose, alla diversificazione industriale e a conferire valore aggiunto alle materie prime.

9.c Aumentare significativamente l'accesso alle tecnologie dell'informazione e della comunicazione e sforzarsi di fornire un accesso universale e a basso costo a Internet nei paesi meno sviluppati entro il 2020.

Analisi degli obiettivi del punto 9

Lo sviluppo delle infrastrutture indicato al punto **9.1** è accomunato a tutti gli altri goals per la contraddizione rispetto alle politiche neoliberiste che limitano la spesa pubblica. I lavori dovrebbero essere quindi ottenuti da imprese private sulle quali i governi non hanno autorità. Si nota poi un ricorrere di termini ideologici come "sostenibili" e "resilienti" che comporta il sottostante messaggio di una presenza negativa delle attività umane per un pianeta che appare personificato. Le opere devono essere fatte ma l'opera più sostenibile di tutte è quella che non viene fatta. Devono essere "resilienti" e non "resistenti", devono adattarsi alle situazioni avverse anche danneggiandosi ma continuando a funzionare in attesa di un'eventuale futura riparazione.

Il punto **9.2** "**l'industrializzazione inclusiva e sostenibile**" mentre riprende il leitmotiv della sostenibilità, aggiunge quello della *"inclusività"* che nel caso della industrializzazione non si sa bene cosa significhi. Un'industrializzazione inclusiva dovrebbe significare che questa sia estesa a tutti i paesi del mondo, ma ancora una volta manca un'analisi che ci spieghi perché finora quest'estensione non è avvenuta e quali sarebbero gli ostacoli da rimuovere per ottenerla.

È facile individuare questi ostacoli nelle politiche neocolonialiste, ma questa parola non viene mai citata nei diciassette punti dell'Agenda.

L'accesso al credito di cui si parla al punto 9.3 "**Aumentare l'accesso dei piccoli industriali e di altre imprese, in** particolare nei paesi in via di sviluppo, ai servizi finanziari" appare com un altro modo per escludere un intervento di tipo keynesiano[10] dello Stato e spostare l'economia verso meccanismi neoliberisti con il rischio di giungere a un indebitamento, questo sì insostenibile, di piccoli imprenditori a vantaggio di istituti di credito e banche. Per un vero sviluppo economico che abbia come riferimento il benessere delle persone, dovrebbe essere lo Stato e non le banche a favorire le attività commerciali e imprenditoriali, sia con agevolazioni fiscali che con accesso agevolato ai fondi.

Ancora una volta compare il termine "sostenibile" nel punto **9.4** dove si parla di ammodernare le industrie oltre che le infrastrutture, con l'impiego di "**tecnologie pulite e rispettose dell'ambiente e dei processi industriali, in modo che tutti i paesi intraprendano azioni in accordo con le loro rispettive capacità**". Queste tecnologie sono costose e quindi non adottabili dai paesi in via di sviluppo, costretti a scegliere di non adottarle per non rinunciare a gran parte della loro crescita potenziale. La richiesta di standard particolarmente costosi è un modo per mantenere nel sottosviluppo i paesi poveri senza dichiararlo.

Altrettanto illusorio è il punto **9.5** che afferma: "**Potenziare la ricerca scientifica, promuovere le capacità tecnologiche dei settori industriali in tutti i paesi, in particolare nei paesi in via di sviluppo**". Non viene specificato dove si dovranno trovare le risorse economiche per realizzare questi

---

[10] Termine riferito alle dottrine economiche di J.M. Keynes (➔ Keynes, John Maynard; anche keynesiana, teoria; keynesiano, piano). Il termine è usato soprattutto con riferimento a quelle posizioni di politica economica che favoriscono l'intervento dello Stato in materia monetaria e fiscale al fine di sostenere il livello del PIL e incrementare l'occupazione. I fautori, seguaci o studiosi delle teorie economiche di Keynes sono detti keynesiani.
-Dall'enciclopedia Treccani -

progetti. I paesi in via di sviluppo potranno quindi fare molto poco proprio per via della loro condizione. In assenza di politiche di spesa pubblica e finanziamenti internazionali a costo zero, questi propositi saranno solo delle buone intenzioni e di fatto si consoliderà il primato dei paesi industrializzati.

Analisi degli strumenti di attuazione del punto 9
Si arriva quindi alle azioni previste, nel punto **9.a** troviamo "**Facilitare lo sviluppo sostenibile e resiliente delle infrastrutture nei paesi in via di sviluppo**". Il filo rosso del "sostenibile e resiliente" precede l'intenzione di facilitare "**un maggiore sostegno finanziario, tecnologico e tecnico ai paesi africani, ai paesi meno sviluppati, ai paesi in via di sviluppo senza sbocco sul mare e ai piccoli Stati insulari in via di sviluppo**". Tutte cose che hanno un alto costo e ricavi discutibili. Investimenti che se finanziati con prestiti, comporteranno interessi onerosi come quelli che hanno portato i paesi africani e in via di sviluppo in generale a diventare debitori perenni, impiegando le loro poche risorse per pagare i debiti e quindi non investire nel loro effettivo sviluppo.

Il **9.b** è poi un misto tra le solite buone intenzioni e una indebita ingerenza nelle vicende politiche dei paesi interessati: "**Sostenere lo sviluppo della tecnologia domestica, la ricerca e l'innovazione nei paesi in via di sviluppo, anche assicurando un ambiente politico favorevole**". Quel "sostenere", se è "a prestito" diventa una zavorra e soprattutto il riferimento a un "ambiente politico favorevole" è una violazione del diritto di autodeterminazione dei popoli. Questa frase è centrale e di una particolare gravità. Oltre a essere un sintomo del rapporto di sottomissione con il quale l'ONU e precisamente gli estensori dell'Agenda 2030 vedono i paesi sovrani, getta una luce rivelatrice su quello che riguarda anche i paesi industrializzati, le cui classi politiche devono essere assicurate come "favorevoli". La democrazia secondo l'ONU è riconosciuta solo se si uniforma all'Agenda.

Alla luce del punto **9.b** assume un significato del tutto particolare l'ultimo proposito contenuto nel **9.c** "**Aumentare significativamente l'accesso alle tecnologie dell'informazione e della comunicazione**". Avendo appena dichiarato di voler assicurare un ambiente politico favorevole e al tempo stesso sostenendo la democrazia, questo significativo aumento delle tecnologie dell'informazione e della comunicazione pone la stessa informazione al servizio dell'Agenda e della costruzione del suddetto "ambiente politico favorevole".

Informazione e comunicazione, secondo gli estensori dell'Agenda, sono ciò che in altri termini viene definita "propaganda": questa verrà "aumentata significativamente".

AGENDA 2030
PUNTO 10
RIDURRE LE DISUGUAGLIANZE

Analisi del punto 10
Arrivati al punto 10 dell'Agenda ci troviamo di fronte a un dilemma: o chi l'ha scritta vive lontano dal mondo e ignora come vanno le cose, oppure pone degli obiettivi consapevolmente irraggiungibili e quindi l'Agenda stessa è nata per fallire. Ricordiamo ancora uno degli assunti da tenere presente: "se una cosa non serve a niente, serve a qualcos'altro (Cit.)".

Il reddito basso ovvero la povertà, in una società moderna con elevate capacità produttive, è una conseguenza del sistema economico imposto con l'affermazione del neoliberismo negli anni '80, un sistema che portando alle estreme conseguenze il capitalismo, ha drenato gli stipendi in nome di una competizione generale in un mondo globalizzato. Come si fa a proporre di far crescere il reddito senza mettere in discussione il sistema neoliberista nei paesi industrializzati e quello neocolonialista in quelli poveri?

La riduzione delle disuguaglianze secondo l'Agenda si otterrebbe promuovendo l'inclusione cioè riducendo le disuguaglianze... come non averci pensato prima?!

Gli autori dell'Agenda decidono di ignorare il proverbiale elefante nella stanza costituito dal sistema economico neoliberista/colonialista. Le menti migliori dell'ONU individuano il problema nella mancanza di "inclusione", nelle politiche discriminatorie e nelle leggi sbagliate dei paesi poveri. Si parla anche di intervenire sulle politiche fiscali e sulla "protezione sociale", chiedono meno tasse e più welfare per tutti che però è esattamente il contrario di quello che le politiche di "austerity" imposte in tutto il mondo hanno fatto per decenni e continuano a fare. Adesso si dovrebbe invertire la tendenza solo perché lo chiede l'Agenda multicolor?

Pregevole intento quello di "migliorare la regolamentazione e il controllo dei mercati", ma ancora una volta il mondo sta andando dalla parte opposta; la crisi energetica causata dall'impennarsi del costo del gas metano è precedente alla guerra in Ucraina ed è stata causata dall'aver vincolato il costo del metano alla borsa speculativa di Amsterdam (TTF). La stessa crisi in Ucraina ha poi generato gli extra profitti da parte delle compagnie petrolifere a danno degli utenti. Non sembra che nel mondo reale le cose vadano nel senso indicato dall'Agenda, fatto abbastanza singolare visto che tutti i paesi dell'ONU hanno sottoscritto questo impegno.

Una piccola dimenticanza appare anche quella riguardo le materie prime alimentari che andrebbero svincolate da meccanismi speculativi che ne fanno aumentare il prezzo. È davvero troppo generica l'Agenda che accenna principi vaghi facendo attenzione a non toccare punti scomodi. Decisamente ipocrita infine l'intento di dare maggiore rappresentanza ai paesi in via di sviluppo dato che a questi vengono di fatto imposte politiche malthusiane. In questo senso un riferimento importante fin dagli anni '70 è il rapporto NSSM 200 (National Security Study Memorandum) conosciuto come *Kissinger Report* in cui si leggeva:

Dal punto di vista politico e programmatico, il punto focale della Conferenza sulla popolazione mondiale (WPC) tenutasi a Bucarest, in Romania, nell'agosto 1974, fu il Piano d'azione per la popolazione mondiale (WPPA). Gli USA hanno contribuito in modo sostanziale alla proposta del piano.

Abbiamo sottolineato in particolare l'inclusione di fattori demografici nella pianificazione nazionale dei programmi demografici dei paesi in via di sviluppo per garantire la disponibilità di mezzi di pianificazione familiare per le persone in età riproduttiva.

La cooperazione internazionale esercita delle pressioni su paesi poveri che possono ricevere aiuti se si adeguano docilmente alle disposizioni dei paesi industrializzati. Nello stesso documento

NSSM 200 si commentava negativamente che i paesi più soggetti alle politiche malthusiane di denatalità fossero quelli che opponevano maggiore resistenza. Da allora le cose non sono cambiate, ma l'Agenda tutto questo non lo denuncia e chiede ingenuamente "maggiore rappresentanza" per i paesi poveri.
Coloro che hanno pensato l'Agenda dovrebbero poi chiarire come possa l'immigrazione essere un modo per ridurre le diseguaglianze. Secondo quest'approccio un paese povero raggiungerebbe l'uguaglianza restando povero e facendo partire i propri cittadini. Per logica un paese che ha vinto la sua battaglia sulle disuguaglianze e contro la povertà è un paese i cui cittadini non sono costretti a emigrare, piuttosto hanno il diritto a non emigrare. Non ha senso dire che la mobilità contrasta le disuguaglianze, semmai le cristallizza perché significa che la ricerca di benessere non può essere trovata nel proprio paese. La mobilità non risolve le disuguaglianze ma è in realtà un'idea molto cara a chi ha in mente una società liquida (secondo la definizione che ne ha dato il filosofo Zygmunt Bauman). La società liquida è quella costituita da individui separati e senza legami, è una società fatta da persone che non consentono la formazione di quelli che vengono definiti "corpi solidi", cioè una società senza coesione.
È la società ideale per generare lavoratori senza diritti e forse in questo senso l'uguaglianza sarebbe raggiunta: quella dei senza diritti.

Testo dell'Agenda al punto 10
10.1 Entro il 2030, raggiungere e sostenere progressivamente la crescita del reddito del 40 per cento più povero della popolazione ad un tasso superiore rispetto alla media nazionale.
10.2 Entro il 2030, potenziare e promuovere l'inclusione sociale, economica e politica di tutti, a prescindere da età, sesso, disabilità, razza, etnia, origine, religione, status economico o altro.

10.3 Garantire a tutti pari opportunità e ridurre le disuguaglianze di risultato, anche attraverso l'eliminazione di leggi, di politiche e di pratiche discriminatorie, e la promozione di adeguate leggi, politiche e azioni in questo senso.
10.4 Adottare politiche, in particolare fiscali, e politiche salariali e di protezione sociale, e raggiungere progressivamente una maggiore uguaglianza.
10.5 Migliorare la regolamentazione e il controllo dei mercati e delle istituzioni finanziarie globali e rafforzarne l'applicazione.
10.6 Assicurare maggiore rappresentanza e voce per i paesi in via di sviluppo nel processo decisionale delle istituzioni economiche e finanziarie internazionali a livello mondiale al fine di fornire istituzioni più efficaci, credibili, responsabili e legittime.
10.7 Facilitare la migrazione ordinata, sicura, regolare e responsabile e la mobilità delle persone, anche attraverso l'attuazione di politiche migratorie programmate e ben gestite.
10.a Attuare il principio del trattamento speciale e differenziato per i paesi in via di sviluppo, in particolare per i paesi meno sviluppati, in conformità con gli accordi dell'Organizzazione Mondiale del Commercio.
10.b Promuovere l'aiuto pubblico allo sviluppo e i relativi flussi finanziari, compresi gli investimenti esteri diretti, agli Stati dove il bisogno è maggiore, in particolare i paesi meno sviluppati, i paesi africani, sia isia i piccoli stati insulari che i paesi senza sbocco al mare che sono in via di sviluppo, in accordo con i loro piani e programmi nazionali.
10.c Entro il 2030, ridurre a meno del 3 per cento i costi di transazione delle rimesse dei migranti ed eliminare i corridoi di rimesse con costi più alti del 5 per cento.

Analisi degli obiettivi del punto 10
Il problema non affrontato dall'Agenda 2030 riemerge a maggior ragione quando al centro dell'attenzione viene posta la questione del lavoro. Al punto **10.1** troviamo "**raggiungere e sostenere progressivamente la crescita del reddito del 40%**

più povero della popolazione ad un tasso superiore rispetto alla media nazionale". Il fatto di porsi traguardi di questo genere senza denunciare il problema delle politiche neoliberiste, rende immediatamente non realizzabili i propositi espressi. L'Agenda, se fosse redatta in buona fede, dovrebbe constatare che nei paesi industrializzati esiste il problema della deflazione salariale. Basta andare nella UE per verificare che l'adozione della moneta unica ha portato le aziende europee a competere sui mercati internazionali, puntando alla riduzione dei salari. In una realtà dove si è verificata la riduzione degli stipendi effettivi, il fatto che il 40% più povero raggiunga la media nazionale, può essere ottenuto abbassando la stessa media nazionale e non aumentando le retribuzioni dei più poveri. In un'economia neoliberista il punto **10.1** dell'Agenda può essere quindi soddisfatto solo con un impoverimento generalizzato dei lavoratori.

Per gli stessi motivi appare illusorio o ingannevole anche il punto **10.2** dove si afferma "**potenziare e promuovere l'inclusione sociale, economica e politica di tutti, a prescindere da età, sesso, disabilità, razza, etnia, origine, religione, status economico o altro**". L'inclusione sociale è una parola vuota in una società dove le persone non hanno la disponibilità economica per svolgere attività extralavorative. Lo stesso vale per l'esercizio delle proprie attività politiche; orari di lavoro prolungati e problemi di sopravvivenza giornaliera non consentono di dedicare tempo e la giusta attenzione alle vicende politiche. Il riferimento a una "inclusività" che prescinda dal sesso, razza, etnia etc., appare come un modo per riempire con parole politicamente corrette il vuoto, o meglio, l'inconsistenza dei propositi esposti.

Ancor più contraddittorio appare il proposito espresso al punto **10.3** "**Garantire a tutti pari opportunità e ridurre le disuguaglianze di risultato, anche attraverso l'eliminazione di leggi, di politiche e di pratiche** discriminatorie, e la promozione di adeguate leggi, politiche e azioni in questo senso"**. Tenendo conto del fatto che le discriminazioni vengono in genere combattute con la pratica delle "quote" che siano rosa o di etnia, scavalcando il merito, la discriminazione che ci si propone di eliminare viene introdotta e stabilita per legge con le misure antidiscriminatorie. I problemi di irrealizzabilità posti dall'affermarsi delle politiche neoliberiste si confermano anche al successivo **10.4** dove troviamo "**Adottare politiche, in particolare fiscali, e politiche salariali e di protezione sociale, e raggiungere progressivamente una maggiore uguaglianza**". Le politiche salariali e di protezione sociale sono incompatibili con la competitività perseguita tramite la deflazione salariale; non è pensabile che gli estensori dell'Agenda non ne siano consapevoli, questo è quindi un altro punto chiaramente destinato a fallire.

Il proposito di "**Migliorare la regolamentazione e il controllo dei mercati e delle istituzioni finanziarie globali e rafforzarne l'applicazione**" espresso al **10.5**, è altrettanto ingannevole poiché le politiche economiche adottate come irrinunciabili dai paesi industrializzati vanno esattamente in senso opposto. I mercati non tollerano il controllo e al contrario vogliono controllare, come è stato detto dal commissario europeo al Bilancio, Gunther Oettinger in occasione delle elezioni politiche italiane del 2018: "I mercati insegneranno agli italiani a votare nel modo giusto".

Tra i buoni propositi che è bene fare anche sapendo che non verranno mantenuti troviamo anche il punto **10.6** in cui si dice di voler "**Assicurare maggiore rappresentanza e voce per i paesi in via di sviluppo nel processo decisionale delle istituzioni economiche e finanziarie internazionali a livello mondiale al fine di fornire istituzioni più efficaci, credibili, responsabili e legittime**".
I paesi in via di sviluppo non avranno mai una maggiore rappresentanza in organi che fanno proprio del

neocolonialismo la loro fortuna. Un proposito del genere, senza una previa denuncia dello sfruttamento neocoloniale, appare quantomeno ingenua o più probabilmente ingannevole.

Particolarmente rivelatore è il successivo punto **10.7** dove si legge "**Facilitare la migrazione ordinata, sicura, regolare e responsabile e la mobilità delle persone, anche attraverso l'attuazione di politiche migratorie programmate e ben gestite**".

In questo periodo la migrazione non viene vista come un fenomeno da affrontare eliminando la povertà che spinge le persone a lasciare il paese di origine e andare verso un futuro incerto, dove le uniche certezze sono il dramma di un viaggio gestito da bande criminali e pericoli per l'incolumità personale, piuttosto l'Agenda pone l'attenzione solo sul fatto che questo viaggio pericoloso avvenga in modo ordinato e sicuro. Di creare opportunità di lavoro nei paesi di origine non se ne parla.

Le politiche migratorie si inseriscono nel discorso neoliberista taciuto in tutti i punti dell'Agenda poiché forniscono quell'"esercito industriale di riserva" di cui parlava Marx, la massa di disperati disposti a lavorare in cambio della sola sopravvivenza, degli schiavi di fatto e che assicura la possibilità di tenere bassi i salari garantendo le politiche di deflazione salariale di cui si parlava nei punti precedenti.

Analisi degli strumenti attuativi del punto 10
Le iniziative proposte nei punti **10 a-b-c** sono la logica conseguenza di quanto esposto in precedenza. Dopo aver speso qualche parola politicamente corretta, si afferma di voler "**Promuovere l'aiuto pubblico allo sviluppo e i relativi flussi finanziari, compresi gli investimenti esteri diretti, agli Stati dove il bisogno è maggiore, in particolare i paesi meno sviluppati, i paesi africani, i piccoli Stati insulari in via di sviluppo (...)**".

I flussi finanziari nei paesi in via di sviluppo saranno nella maggior parte dei casi, come dichiarato espressamente, investimenti esteri che avverranno secondo le modalità di indebitamento che hanno finora veicolato le politiche neocoloniali, secondo la dinamica prestito/debito garantito dal pagamento in valuta estera, cioè dollari, e destinato a essere inestinguibile. I paesi destinatari degli investimenti sono in pratica destinati a diventare perenni debitori che utilizzeranno i ricavi delle loro attività per pagare il debito contratto e per questo destinati a non raggiungere mai il benessere economico. Oltremodo rivelatore è quanto proposto al punto **10.c** dove si legge "**Entro il 2030, ridurre a meno del 3% i costi di transazione delle rimesse dei migranti ed eliminare i corridoi di rimesse con costi più alti del 5%**".
Ancora una volta la drammaticità della situazione di chi deve emigrare spinto dalla povertà non viene presa in considerazione. Il migrante è visto in modo definitivo come una risorsa a bassissimo costo al quale si può gettare l'elemosina di ridurre i costi delle rimesse ai paesi di origine. I moderni schiavi della società globalizzata devono svolgere il loro compito mostrando loro che l'ONU se ne prende cura, ma qualcosa per le transazioni finanziarie devono comunque pagarla.

AGENDA 2030
PUNTO 11
CITTÀ E COMUNITÀ SOSTENIBILI

Analisi del punto 11

Manca qualcosa di fondamentale negli obiettivi dell'Agenda: si parla sempre di garantire dei diritti senza però specificare chi deve assumersi l'onere economico. Nel punto **11** si parla di un alloggio per tutti e di un ammodernamento dei quartieri poveri ma come dicevamo, quello che ancora una volta non è chiaro è chi dovrebbe metterci i soldi. Bisogna semplicemente porsi una facile e immediata domanda che ciascuno di noi si fa quando pensa di migliorare qualcosa nella propria abitazione. In quel caso è chiaro chi dovrà pagare (noi stessi) e si tratta solo di vedere se abbiamo le risorse sufficienti. Gli autori dell'Agenda invece "la buttano lì" senza chiarire questo punto. Immaginiamo quindi che dovranno essere gli stati a pagare, ma ancora una volta questo si scontra con le politiche di contenimento della spesa pubblica dettate dalla dottrina neoliberista che nei paesi industrializzati è dogmaticamente imposta e indiscutibile.

Riguardo poi ai propositi di migliorare i trasporti pubblici e le infrastrutture, si capisce benissimo che chi ha scritto questo punto non viaggia seduto tra i comuni cittadini nelle metro o nelle linee dei bus perché altrimenti saprebbe che negli ultimi decenni il solito contenimento della spesa pubblica e le privatizzazioni hanno portato a una drastica riduzione dei servizi offerti e al loro netto peggioramento. Chi si trova a usare ogni giorno la metropolitana e gli autobus o chi viaggia su strade spesso piene di buche o, senza arrivare alle estreme conseguenze del ponte Morandi di Genova, su infrastrutture di ogni genere senza un'adeguata manutenzione, si domanda cosa induca gli estensori dell'undicesimo punto a pensare che in soli dieci anni tutto cambierà invertendo una tendenza di lungo periodo.

Devono fornire a chi legge e verifica ogni giorno come davvero stanno le cose un motivo per credere che succederà qualcosa di molto improbabile che cambierà tutto, ma questo motivo è assente. Per conseguire gli obiettivi indicati, non bastano le buone intenzioni.

E immancabili arrivano anche nel punto **11** i termini "inclusiva" e "sostenibile" riferiti all'urbanizzazione.

Secondo l'enciclopedia Treccani l'inclusività si definisce così: "Termine con cui si designano in senso generale orientamenti e strategie finalizzati a promuovere la coesistenza e la valorizzazione delle differenze attraverso una revisione critica delle categorie convenzionali che regolano l'accesso a diritti e opportunità, contrastando le discriminazioni e l'intolleranza prodotte da giudizi, pregiudizi, razzismi e stereotipi".

Cosa sia quindi "l'urbanizzazione inclusiva" non è chiaro. È piuttosto sempre evidente come questo termine abbia senso solo se si progettano città orientate alla multiculturalità in accordo col precedente punto che parla di "inevitabili spostamenti", sia migratori dai paesi poveri che tra paesi industrializzati, sotto la voce "mobilità del lavoro". Queste "città inclusive" e quindi senza una cultura unificante, saranno città "liquide" secondo la definizione di Bauman e saranno anche "sostenibili", dovranno cioè limitare le attività umane al minimo indispensabile.

Le città che ha in mente l'Agenda sono ben rappresentate dai progetti delle ZTL conosciute anche come le "città da 15 minuti" con la loro mobilità limitata e un consistente sistema di controllo dei singoli cittadini indispensabile per farle funzionare. Un esempio concreto a riguardo lo possiamo trovare in Gran Bretagna con la vicenda delle barriere ULEZ (ultra low emission zone) che ha visto la decisa reazione dei cittadini di Oxford - prima città-laboratorio scelta per testare l'esperimento di contenimento stradale - e poi Londra. Il motivo addotto dalle autorità per giustificare la limitazione della circolazione è quello di voler migliorare la qualità dell'aria nei centri urbani. Salta all'occhio però che costringere gli abitanti a fare percorsi molto più lunghi al fine di aggirare le barriere ULEZ, rilascia nell'aria una quantità di sostanze nocive ben più elevata che se avessero percorso il tratto più breve.

Ma mentre si pensa a un'urbanizzazione organizzata in aree controllate, bisogna anche pensare a una depopolazione delle aree rurali. S'intende proteggere il patrimonio naturale "ripristinandolo", cioè togliendo la presenza umana e le sue opere in una sorta di idolatria della dea Gaia, la dea Terra, per la quale l'umanità rappresenta un problema da eliminare ("un cancro" secondo le parole del fondatore del Club di Roma, Aurelio Peccei). Vediamo spingere verso soluzioni di questo tipo il recente *Nature Restoration Law* approvato dalla UE nel luglio 2023.

La riduzione del numero di morti e persone colpite da calamità è ancora un proposito che si scontra con le politiche di austerità neoliberista: chi dovrebbe mettere i soldi per aumentare la sicurezza? Nessuno all'ONU si pone questa domanda e tantomeno fornisce una risposta.

La risposta a come si migliora la qualità dell'aria ci è invece pervenuta attraverso l'attuazione delle sopra citate "città da 15 minuti": la qualità dell'aria si migliora bloccando i cittadini in recinti urbani. In questo senso sono già visibili a tutti le misure che vanno diffondendosi dall'Inghilterra all'Italia con la penalizzazione della popolazione meno abbiente che, non potendo comprare un'auto nuova conforme a norme sempre più difficili da soddisfare, è costretta a rinunciarvi.

Ghetti tecnologici popolati di poveri privati della loro mobilità, chiusi nei limiti dei 15 minuti imposti con i varchi elettronici e appiedati per la poca disponibilità economica. Queste appaiono essere le città e le comunità "sostenibili" dell'Agenda 2030.

Testo dell'Agenda al punto 11
11.1 Entro il 2030, garantire a tutti l'accesso ad un alloggio e a servizi di base adeguati, sicuri e convenienti e l'ammodernamento dei quartieri poveri.
11.2 Entro il 2030, fornire l'accesso a sistemi di trasporto sicuri, sostenibili, e convenienti per tutti, migliorare la sicurezza stradale, in particolare ampliando i mezzi pubblici, con particolare attenzione alle esigenze di chi è in situazioni vulnerabili, alle donne, ai bambini, alle persone con disabilità e agli anziani.
11.3 Entro il 2030, aumentare l'urbanizzazione inclusiva e sostenibile e la capacità di pianificazione e gestione partecipata e integrata dell'insediamento umano in tutti i paesi.
11.4 Rafforzare gli impegni per proteggere e salvaguardare il patrimonio culturale e naturale del mondo.
11.5 Entro il 2030, ridurre in modo significativo il numero di morti e il numero di persone colpite da calamità, compresi i disastri provocati dall'acqua, e ridurre sostanzialmente le perdite economiche dirette rispetto al prodotto interno lordo globale, con una particolare attenzione alla protezione dei poveri e delle persone in situazioni di vulnerabilità.
11.6 Entro il 2030, ridurre l'impatto ambientale negativo pro capite delle città, in particolare riguardo alla qualità dell'aria e alla gestione dei rifiuti.
11.7 Entro il 2030, fornire l'accesso universale a spazi verdi pubblici sicuri, inclusivi e accessibili, in particolare per le donne e i bambini, gli anziani e le persone con disabilità.
11.a Sostenere rapporti economici, sociali e ambientali positivi tra le zone urbane, periurbane e rurali, rafforzando la pianificazione dello sviluppo nazionale e regionale.
11.b Entro il 2020, aumentare notevolmente il numero di città e di insediamenti umani che adottino e attuino politiche e piani integrati verso l'inclusione, l'efficienza delle risorse, la mitigazione e l'adattamento ai cambiamenti climatici, la resilienza ai disastri, lo sviluppo e l'implementazione, in linea con il "Quadro di Sendai per la Riduzione del Rischio di

Disastri 2015-2030", la gestione complessiva del rischio di catastrofe a tutti i livelli.

11.c Sostenere i paesi meno sviluppati, anche attraverso l'assistenza tecnica e finanziaria, nella costruzione di edifici sostenibili e resilienti che utilizzino materiali locali.

Analisi degli obiettivi del punto 11

Come abbiamo sin qui visto il punto **11.1** mostra gli stessi limiti di tutti quelli precedenti: non è attuabile senza prima denunciare le politiche neoliberiste in quanto si propone di **"garantire a tutti l'accesso ad un alloggio e a servizi di base adeguati, sicuri e convenienti e l'ammodernamento dei quartieri poveri"**.

Come può essere possibile investire nell'edilizia popolare e nella riqualificazione urbana nell'ambito di politiche di austerità e riduzione della spesa pubblica?

Lo stesso vale per il punto **11.2 "fornire l'accesso a sistemi di trasporto sicuri, sostenibili, e convenienti per tutti, migliorare la sicurezza stradale, in particolare ampliando i mezzi pubblici, con particolare attenzione alle esigenze di chi è in situazioni vulnerabili, alle donne, ai bambini, alle persone con disabilità e agli anziani"**.

Anche in questo caso gli investimenti nei trasporti devono fare i conti con le politiche di contenimento della spesa statale rese necessarie dal debito pubblico, originato dalle politiche monetarie a loro volta originate dal meccanismo della "moneta debito". Né nel mondo occidentale né nei paesi in via di sviluppo sarà possibile attuare quanto proposto. Il fallimento annunciato porterà alla richiesta di privatizzazione dei trasporti che, diventando un'attività economica e non più un servizio pubblico, verrà garantita solo nelle zone che potranno dare un ritorno economico adeguato lasciando scoperte quelle non remunerative.

Il punto **11.3 "aumentare l'urbanizzazione inclusiva e sostenibile e la capacità di pianificazione e gestione partecipata e integrata dell'insediamento umano in tutti i paesi"** ci mostra come nell'Agenda sia importante "aumentare l'urbanizzazione". L'obiettivo in questo caso raggiungibile, è quello di concentrare sempre più gli abitanti nelle aree urbane che sono più dipendenti dalla grande distribuzione e di conseguenza sempre più controllabili.

Le città già eccessivamente sviluppate e con vaste zone mal gestite e degradate, dovranno crescere ancora di più e il buon proposito di un'urbanizzazione dichiaratamente "politicamente corretta" perché "inclusiva e sostenibile" non verrà mantenuto, ma l'urbanizzazione a quel punto sarà invece avvenuta.

L'urbanizzazione sostenibile porta direttamente all'idea delle città "da 15 minuti", alle ZTL che vedranno - e già stanno vedendo - intere zone vietate a chi non ha i requisiti richiesti. Queste zone a traffico limitato sono pensate per diventare zone ad accesso limitato. La tecnologia per controllare gli spostamenti sarà quella del riconoscimento facciale. Grandi città suddivise in zone-ghetto dove lo spostamento sarà il più possibile tramite biciclette o monopattini, a meno che non si sia disposti a pagare per un temporaneo diritto d'accesso che attualmente a Londra è di circa 14 Euro. Appare più che evidente quanto tali misure non solo non migliorino la qualità dell'aria, ma finiscono per risultare unicamente discriminatorie in base al reddito; se ho i soldi posso comprarmi il permesso di inquinare quanto voglio.

Secondo il gruppo C40 che comprende i sindaci di quaranta tra le più grandi città del mondo (di cui fanno parte sia l'attuale sindaco di Roma Gualtieri che quello di Milano Sala), si dovrà arrivare ad avere solamente 190 autoveicoli ogni 100.000 abitanti e ogni veicolo dovrà durare almeno 20 anni. I viaggi aerei dovrebbero essere limitati a una tratta breve ogni due anni a persona, l'uso del cemento dovrebbe diminuire del 32%.

La città sostenibile somiglia a una prigione.

Le buone intenzioni di cui è lastricata l'Agenda 2030 vedono nel punto **11.4** il proposito di **"Rafforzare gli impegni per proteggere e salvaguardare il patrimonio culturale e naturale del mondo"**. Andrebbe qui denunciata la globalizzazione omologante e livellatrice delle varie culture, quella globalizzazione che pone come modello unico a cui uniformarsi il sistema occidentale o meglio anglosassone.

Il patrimonio di diversità dei vari paesi del mondo in presenza del colonialismo culturale non può essere realmente protetto e può tuttalpiù diventare una curiosità da osservare nei musei, quello è l'unico modo in cui si può intendere la "salvaguardia".

Per quel che riguarda il "patrimonio naturale", la salvaguardia dovrebbe ancora una volta passare attraverso la denuncia delle politiche consumistiche di cui il fenomeno dell'obsolescenza programmata ne è il più lampante degli esempi; i prodotti devono deteriorarsi velocemente per garantire la vendita di nuova merce prodotta, in pratica dobbiamo acquistare più volte la stessa cosa senza aumentare il numero di cose possedute. Questo sistema è all'origine della smisurata produzione di rifiuti e degli scarichi industriali che, come già visto, non possono essere trattati oltre un certo punto per non incrementare il costo dei prodotti.

Il patrimonio naturale più che essere salvaguardato dovrebbe essere "ripristinato" secondo la disposizione approvata dal parlamento della UE il 12 luglio 2023.

L'intento di "restaurare la natura" letteralmente non può che essere una cancellazione dell'attività umana, il principio di Aurelio Peccei fondatore del Club di Roma, che vede l'umanità come una "crescita cancerosa" è fortemente presente in queste politiche: l'umanità stessa è il problema e la sua riduzione è la soluzione.

Venendo al punto **11.5** troviamo **"ridurre in modo significativo il numero di morti e il numero di persone colpite da calamità, compresi i disastri provocati dall'acqua, e ridurre sostanzialmente le perdite**

economiche dirette rispetto al prodotto interno lordo globale, con una particolare attenzione alla protezione dei poveri e delle persone in situazioni di vulnerabilità".
Questo proposito di ridurre le vittime da calamità è inscindibile dalla questione climatica. Le calamità naturali sono infatti attribuite in modo generico ai "cambiamenti climatici" che sono poi la più recente versione del "riscaldamento globale". La riduzione dei morti va dunque intesa come una riduzione dell'uso dei combustibili fossili legando di conseguenza questo punto alla "città sostenibile" dove gli spostamenti e l'uso delle automobili sarà ridotto al minimo. La limitazione della libertà di movimento viene supportata con un ricatto morale ponendo una particolare attenzione alla "protezione dei poveri e delle persone in situazioni di vulnerabilità": opporsi a queste politiche sarà moralmente colpevole.

E sempre delle città si parla nel punto **11.6** "**ridurre l'impatto ambientale negativo pro-capite delle città, in particolare riguardo alla qualità dell'aria e alla gestione dei rifiuti**".
La qualità dell'aria significa ancora una volta la lotta ai mezzi di trasporto privati e in particolare quelli a combustibili fossili e ancora una volta la città da 15 minuti si intravede sullo sfondo. La gestione dei rifiuti può essere interpretata come un'eticissima lotta agli sprechi che può facilmente diventare una lotta per la penuria alimentare e di ogni bene acquistabile.
Il punto **11.7** sembra fatto appositamente per poter ancora una volta fare riferimento alla "inclusività", infatti leggiamo "**fornire l'accesso universale a spazi verdi pubblici sicuri, inclusivi e accessibili, in particolare per le donne e i bambini, gli anziani e le persone con disabilità**", proposito comunque lodevole ma praticamente impossibile da realizzare a meno di non spianare a zero interi quartieri nelle città dove gli spazi verdi non ci sono. Cosa si intenda per "spazio verde accessibile" non è chiaro, a meno che i giardini pubblici non abbiano degli ingressi tramite scalinate, cosa che comunque

non sembra essere molto diffusa da costituire un problema da mettere nell'Agenda. Suscita qualche perplessità anche il termine "sicuri" che lascia intendere che i giardini pubblici siano inevitabilmente un luogo pericoloso da riempire quindi di telecamere e microfoni.

Analisi degli strumenti di attuazione del punto 11
Le linee di azione proposte ai punti **11-a-b-c** sono in pratica un riferimento al "Quadro di riferimento di Sendai per la Riduzione del Rischio di Disastri 2015-2030" che viene riportato anche sul sito della Protezione Civile presentandolo nel seguente modo:
"Il 15 marzo 2015 con il Quadro di riferimento di Sendai per la Riduzione del Rischio di Disastri 2015-2030, la comunità internazionale risponde all'esigenza di definire una strategia comune, condivisa a livello globale e finalizzata a fronteggiare le numerose catastrofi descritte, negli ultimi decenni, da crescenti livelli di intensità e di frequenza".
Le catastrofi naturali vengono indicate come in aumento negli ultimi decenni ma i dati sugli uragani tropicali, gli incendi boschivi e le precipitazioni di pioggia non mostrano variazioni degne di nota. Ciò che invece viene certificato dall'Istituto S. Anna di Pisa è l'aumento dei danni causati[11], il che ovviamente è tutto un altro discorso. Come affermato nel report, i danni sono aumentati ma non si quantificano in base alla variazione climatica perché "questi maggiori danni sono in parte dovuti all'aumento della popolazione e della ricchezza potenzialmente distruttibile (ad esempio edifici)". Insomma, sono le città a essere aumentate come numero e a essere costruite in modo da subire più danni.
Ecco allora che il riferimento alla "resilienza" diventa più chiaro. Se si fosse fatto un riferimento alla "resistenza"

---

[11] https://www.santannapisa.it/it/news/il-conto-dei-disastri-naturali-danni-moltiplicati-negli-ultimi-50-anni-la-dimostrazione-nello

avremmo avuto città in grado di sostenere gli eventi naturali senza subire danni. Con la "resilienza" ci si pone come obiettivo quello di subire i danni e continuare ad andare avanti ugualmente. Siamo in presenza di un doppio aspetto della questione: da una parte i "cambiamenti climatici" vengono incolpati di un inesistente aumento delle calamità naturali che richiederà la lotta alle fonti di energia abbondanti e a basso costo come quelle fossili, dall'altra la bassa qualità degli interventi pubblici sulla manutenzione delle città e del territorio dovute alle politiche di austerità non sarà aumentata con l'aumento degli investimenti pubblici, ma ci si dovrà adattare alle calamità in modo "resiliente" ovvero subendole.

AGENDA 2030
PUNTO 12
CONSUMO E
PRODUZIONE RESPONSABILI

Analisi del punto 12

Questo punto si apre subito con un riferimento alla "sostenibilità'", termine che attraversa tutta l'Agenda 2030 manifestandosi come uno dei requisiti fondamentali del mondo che si vuole realizzare, o meglio, imporre. E ancora una volta dobbiamo ricordare che "sostenibile" è un termine che implica una visione del rapporto uomo/pianeta assimilabile a quello parassita/ospite. Il consumo e la produzione sostenibile di cui si parla, data la tecnologia disponibile, non possono che tradursi in una contrazione della produzione stessa con implicazioni rilevanti sulla vita di milioni di esseri umani.

L'inquinamento attuale è frutto di una scelta consapevole e necessaria per attuare politiche di produzione a bassissimo costo e realizzare un'economia consumistica che ha come massima espressione il concetto di "usa e getta'". Gli sprechi sono una conseguenza della stessa realtà economica nella quale oltre al consumismo si è affermata anche l'idea che la domanda può essere spinta dall'offerta stessa, principio formulato da Jean-Baptiste Say (1767-1832), non sarebbe quindi "il bisogno" a creare la domanda, ma la grande disponibilità di offerta.

Un serio tentativo di ridurre l'inquinamento e ridurre gli sprechi non può prescindere da queste premesse, eppure è proprio quello che avviene con l'Agenda 2030 che così facendo non ha altra possibilità che orientare l'azione verso gli effetti finali e non verso le cause che li producono.

Il combinato disposto di una rinuncia all'energia abbondante e a basso costo fornita dai combustibili fossili e di una produzione non inquinante che garantisca alti ritorni economici, non può che tradursi in un'economia dove si progetta una disponibilità limitata di beni per le classi meno abbienti e prodotti costosissimi per una minoranza più ricca. L'esempio più immediato di questo meccanismo può essere dato dall'imporsi dell'auto elettrica, una soluzione che risulta molto inquinante nella sua produzione con materie prime rare e nella sua alimentazione perché l'elettricità viene ottenuta con metodi tradizionali (idrocarburi) che vanno eliminati o con svantaggiosi metodi alternativi (eolico-fotovoltaico). La sostenibilità che svolge un ruolo centrale nell'Agenda nel caso dei trasporti, si sta traducendo in una disponibilità di automobili per pochi. L'auto elettrica è una soluzione costosa: la riduzione dell'inquinamento non viene ottenuta perché l'auto è poco inquinante ma perché potranno averla in pochi.

Questo è il vero motivo dominante dell'Agenda 2030; sostenibilità che conduce a una forma di impoverimento consenziente. Al mantra della "sostenibilità" va fatto corrispondere quello dello slogan del WEF "non avrai niente e sarai felice". "Sostenibilità" significherà per milioni di persone non avere niente.

Testo dell'Agenda al punto 12

12.1 Dare attuazione al quadro decennale di programmi sul consumo e la produzione sostenibile, con la collaborazione di tutti i paesi e con l'iniziativa dei paesi sviluppati, tenendo conto del grado di sviluppo e delle capacità dei paesi in via di sviluppo.

12.2 Entro il 2030, raggiungere la gestione sostenibile e l'uso efficiente delle risorse naturali.

12.3 Entro il 2030, dimezzare lo spreco pro capite globale di rifiuti alimentari nella vendita al dettaglio e dei consumatori e ridurre le perdite di cibo lungo le filiere di produzione e fornitura, comprese le perdite post-raccolto.

12.4 Entro il 2020, ottenere la gestione ecocompatibile di sostanze chimiche e di tutti i rifiuti in tutto il loro ciclo di vita, in accordo con i quadri internazionali concordati, e ridurre significativamente il loro rilascio in aria, acqua e suolo, al fine di minimizzare i loro effetti negativi sulla salute umana e l'ambiente.

12.5 Entro il 2030, ridurre in modo sostanziale la produzione di rifiuti attraverso la prevenzione, la riduzione, il riciclaggio e il riutilizzo.

12.6 Incoraggiare le imprese, soprattutto le aziende di grandi dimensioni e transnazionali, ad adottare pratiche sostenibili e integrare le informazioni sulla sostenibilità nelle loro relazioni periodiche.

12.7 Promuovere pratiche in materia di appalti pubblici che siano sostenibili, in accordo con le politiche e le priorità nazionali.

12.8 Entro il 2030, fare in modo che le persone abbiano in tutto il mondo le informazioni rilevanti e la consapevolezza in tema di sviluppo sostenibile e stili di vita in armonia con la natura

12.a Sostenere i paesi in via di sviluppo a rafforzare la loro capacità scientifica e tecnologica in modo da andare verso modelli più sostenibili di consumo e di produzione.

12.b Sviluppare e applicare strumenti per monitorare gli impatti di sviluppo sostenibile per il turismo sostenibile, che crei posti di lavoro e promuova la cultura e i prodotti locali.

12.c Razionalizzare i sussidi ai combustibili fossili inefficienti che incoraggiano lo spreco, eliminando le distorsioni del mercato, a seconda delle circostanze nazionali, anche attraverso la ristrutturazione fiscale e la graduale eliminazione di quelle sovvenzioni dannose, ove esistenti, in modo da riflettere il loro impatto ambientale, tenendo pienamente conto delle esigenze specifiche e delle condizioni dei paesi in via di sviluppo e riducendo al minimo i possibili effetti negativi sul loro sviluppo in un modo che protegga le comunità povere e quelle colpite.

Analisi degli obiettivi del punto 12
La parola "sostenibile" è il perno su cui si muove il goal numero **12** dell'Agenda. Al **12.1** troviamo subito: "**Dare attuazione al quadro decennale di programmi sul consumo e la**

produzione sostenibile, con la collaborazione di tutti i paesi e con l'iniziativa dei paesi sviluppati, tenendo conto del grado di sviluppo e delle capacità dei paesi in via di sviluppo".

Il termine "sostenibile" non è neutro, se una cosa deve essere sostenuta da un'altra, questo implica che la prima sia un peso per la seconda. Aurelio Peccei, nel suo libro *Cento pagine per l'avvenire* (1981), definiva la crescita della popolazione umana "cancerosa". L'umanità, secondo la visione ecologista neomalthusiana, è un cancro per la Terra. È a questa visione che appartiene il termine "sostenibile". Il consumo e la produzione sostenibili di cui parla il primo punto non possono essere realisticamente tradotti nei tempi indicati in un mantenimento dei livelli di vita attuali. Questi programmi se attuati saranno basati sulla diminuzione dei beni disponibili, anche in termini di disponibilità alimentare e i paesi in via di sviluppo non potranno che pagare un costo più alto rispetto a quelli industrializzati.

Un'evidente ripetizione dei medesimi principi caratterizza il punto **12.2**: "**raggiungere la gestione sostenibile e l'uso efficiente delle risorse naturali**". La gestione sostenibile sarà tradotta in una riduzione della produzione, compresa quella agricola. Possiamo trovarne un esempio nelle politiche olandesi che prevedono la limitazione dell'impiego di fertilizzanti e reflussi zootecnici contenenti azoto ritenuto inquinante. Si noti che in natura l'azoto costituisce il 78% della composizione dell'aria. Le politiche olandesi fanno parte del piano promosso da Bruxelles di riduzione del 50% delle emissioni entro il 2030, in conformità con il *Green Deal* europeo. Gli agricoltori olandesi hanno protestato con grande determinazione facendo presente che attuare queste politiche porterà a una carenza alimentare a fronte di un inesistente " pericolo azoto".

Al **12.3** si legge "**dimezzare lo spreco pro capite globale di rifiuti alimentari nella vendita al dettaglio e dei** consumatori e ridurre le perdite di cibo lungo le filiere di produzione e fornitura, comprese le perdite post-raccolto".

Ridurre gli sprechi è un intento lodevole ma in assenza di un'idea ben delineata, questa azione non può che tradursi in una riduzione della produzione e del consumo. Ridurre gli sprechi in un sistema normalmente funzionante, significa ridurre il margine di riserva dei beni e questo darà origine a numerose situazioni in cui la mancanza di margine si tradurrà in una mancanza in senso stretto.

Il **12.4** afferma "**ottenere la gestione ecocompatibile di sostanze chimiche e di tutti i rifiuti in tutto il loro ciclo di vita, in accordo con i quadri internazionali concordati, e ridurre significativamente il loro rilascio in aria, acqua e suolo, al fine di minimizzare i loro effetti negativi sulla salute umana e l'ambiente**".

Al riguardo si può riprendere lo stesso discorso fatto in precedenza ma stavolta con un riferimento specifico all'industria. In un mercato neoliberista domina il principio del basso costo finale dei prodotti per renderli concorrenziali. Chiedere una riduzione delle emissioni inquinanti senza denunciare questo, è un atto miope nel migliore dei casi e ingannevole nel peggiore. In entrambi i casi, che questo provenga un'istituzione come l'ONU è decisamente grave.

La riduzione dei rifiuti è proposta al punto seguente, il **12.5**: "**ridurre in modo sostanziale la produzione di rifiuti attraverso la prevenzione, la riduzione, il riciclaggio e il riutilizzo**". Come in precedenza, siamo davanti a una intenzione condivisibile che però dovrebbe passare attraverso una denuncia del consumismo, della tendenza a produrre beni dalla vita breve e sostanzialmente finalizzati a diventare dei rifiuti il più velocemente possibile. Ancora il problema dell'*obsolescenza programmata*, delle confezioni ridondanti fatte per trasmettere la sensazione di essere in presenza di un prodotto quantitativamente più grande del reale. La riduzione dei rifiuti al di fuori di questa lotta all'obsolescenza programmata è una parola vuota. Poiché i rifiuti sono quello che resta di un bene utilizzato, l'unica alternativa è proporre una penuria o addirittura un razionamento dei beni, soluzione che si intravede nelle politiche proposte dal già citato gruppo C40 sulle città "sostenibili". Quest'ultima proposta si pone contro gli interessi dei cittadini ma anche contro quello delle industrie e lascia intravedere un superamento del neoliberismo per lasciare il posto alla cosiddetta *Quarta Rivoluzione Industriale* che prevede una trasformazione della società in senso autoritario con un'implementazione delle misure di controllo sociale e uno schiacciamento verso il basso del tenore di vita: il riutilizzo altro non è che l'incremento dell'usato.

A ben vedere in continuità con quanto visto sopra, troviamo il punto **12.6**: "**Incoraggiare le imprese, soprattutto le aziende di grandi dimensioni e transnazionali, ad adottare pratiche sostenibili e integrare le informazioni sulla sostenibilità nelle loro relazioni periodiche**". La "sostenibilità" significa riduzione della produzione unita a un aumento dei costi, una forma di capitalismo che compensa la riduzione dei volumi con l'incremento dei costi. I bilanci resteranno gli stessi ma con molto meno personale e un volume più basso della produzione; avanza l'idea di un mondo elitario.

E costi più alti ci saranno anche per le opere pubbliche in accordo con il punto **12.7**: "**Promuovere pratiche in materia di appalti pubblici che siano sostenibili, in accordo con le politiche e le priorità nazionali**".

La "sostenibilità" ancora una volta significa adottare tecniche e materiali più costosi che all'interno di politiche neoliberiste di tagli alla spesa pubblica significa una riduzione delle stesse opere pubbliche. Le politiche e le priorità nazionali a loro volta non potranno che essere in accordo con le indicazioni dell'ONU. Questo riferimento appare dunque svuotato di significato.

Indirettamente collegato al punto precedente e a tutta l'attuazione dell'Agenda, appare l'ultimo punto, il **12.8**: **"fare in modo che le persone abbiano in tutto il mondo le informazioni rilevanti e la consapevolezza in tema di sviluppo sostenibile e stili di vita in armonia con la natura"**.
Le informazioni a cui si fa riferimento sono quelle che già vengono date senza possibilità di confronto. Sul clima ad esempio esistono numerosi climatologi in tutto il mondo in dissenso sulla questione del riscaldamento climatico, ma il loro accesso ai media viene negato. Ben due sono stati gli appelli, uno nel 2019 rivolto direttamente al presidente della repubblica Sergio Mattarella e l'ultimo nel 2023, di un nutrito gruppo di scienziati e ricercatori che hanno espresso il loro dissenso circa l'attuale allarmismo climatico non suffragato dai dati scientifici. Le informazioni di cui parla l'Agenda saranno un'operazione di indottrinamento finalizzata a colpevolizzare la popolazione e farle accettare le misure di limitazione della libertà e di impoverimento imposte. Tali informazioni vanno intese come operazioni mediatiche senza contenuti scientifici. Saranno testimonial come Greta Thunberg o gli attivisti di *Ultima Generazione* o *Extinction Rebellion* a creare un sentimento, un'emozione, un misto tra colpa e paura. E chi non accetterà la narrazione sarà colpevolizzato e additato come "negazionista"; una categoria privata della stessa dignità di cittadino contro cui indirizzare il malcontento.

Analisi degli strumenti di attuazione del punto 12
Le soluzioni proposte ai punti **12-a-b-c** fanno leva sulla sovvenzione a soluzioni "sostenibili" per l'ambiente e cioè insostenibili economicamente. Il riferimento all'aumento delle spese per la ricerca nei paesi in via di sviluppo appare quasi iridente. Questi paesi dovranno rinunciare all'impiego di energia fossile a basso costo e rinunciare quindi allo sviluppo. Risulta particolarmente interessante il secondo punto che viene interamente dedicato al turismo, ovviamente sostenibile, che va

inteso come una riduzione drastica del turismo alla portata di tutti. Le misure contro gli affitti brevi prese negli ultimi tempi nel nostro paese ne sono un indizio. Non sembra essere il turismo in sé l'obiettivo di questo punto ma la facilità e quindi la libertà di spostamento. Anche l'aumento verticale dei prezzi della biglietteria ferroviaria e aerea vanno nella direzione di una riduzione della mobilità dei ceti meno abbienti, esattamente come in tal senso vanno tutte le misure per la limitazione dello spostamento delle auto. Il turismo sostenibile non è altro che il turismo delle sempre più minoritarie classi abbienti.

Nel punto **c** si propone infine di limitare i sussidi per il combustibili fossili, quell'energia abbondante e a basso costo che trasversalmente è il nemico da combattere in tutta l'Agenda. Il consumo e la produzione responsabili equivalgono a una decrescita economica, di libertà e benessere delle classi povere che possono ormai includere l'ex ceto medio.

AGENDA 2030
PUNTO 13
LOTTA CONTRO
IL CAMBIAMENTO CLIMATICO

Analisi del punto 13

Con l'argomento del cambiamento climatico siamo giunti a quella che possiamo definire "la colonna portante dell'intera azione dell'Agenda 2030", tutti gli altri punti sono in misura maggiore o minore collegati a questo.

Per la prima e unica volta viene usato in maniera condivisibile il termine "resilienza" perché indica la necessità di adattarsi a qualcosa che non si può cambiare. Questo sembrerebbe un riconoscimento implicito dell'inutilità delle politiche finalizzate a ridurre le emissioni di CO_2 ma, come verificheremo, questa implicazione logica non viene vista. Si fa riferimento poi a "misure di contrasto" ai cambiamenti climatici che restano poco precisate e che dobbiamo quindi cercare di dedurre dalle azioni realmente intraprese in ambito ONU. Tali risoluzioni ci mostrano un'azione tutt'altro che "resiliente" poiché orientata a modificare il clima con la lotta alle emissioni di CO_2 e quindi con una forte pressione per la riduzione dell'impiego dei combustibili fossili.

Un chiaro riferimento all'istruzione mostra la volontà di agire a livello di formazione scolastica delle nuove generazioni che dovranno apprendere l'Agenda a scuola dove questa viene trasformata in una materia di studio e resa una verità indiscutibile oltre che un imperativo etico. Quest'obiettivo è stato già raggiunto con le attuali disposizioni ministeriali e fa parte di uno dei cambiamenti reali voluti dall'Agenda cioè l'autoaffermazione come pensiero condiviso e non discutibile. E quello che si impara a scuola diviene il fondamento di una società. Ma come abbiamo visto, gli obiettivi dell'Agenda non sono realizzabili e quindi il "fondamento della società" sta diventando quello di un'etica ambientalista condivisa, la cui trasgressione colloca automaticamente nell'ambito dei "cattivi" e cioè meritevoli di esclusione sociale chi non ne condivide i diktat.

Collettivamente si instaura un senso di colpa generalizzato che richiede un'espiazione di massa fatta di sacrifici e rinunce. L'ambientalismo Green dell'Agenda è a tutti gli effetti una religione surrogata che non prevede redenzione, come in un culto precolombiano l'umanità può solo fare sacrifici sperando in una riduzione della pena ma mai in una salvezza. L'evidente ripetitività dell'Agenda mi costringe mio malgrado a essere ripetitivo facendo notare ancora una volta come nella visione del Club di Roma sia l'umanità stessa il problema del pianeta la cui unica soluzione sarebbe la sua eliminazione.

Questo è lo spirito che sottende all'intera Agenda. Procedendo gradualmente nella lettura dei suoi propositi vaghi e inconcludenti, quello che resta a ogni passaggio è una colpa dell'umanità verso il pianeta. Lo sviluppo sostenibile è un alleggerire il peso inflitto da noi stessi a Gaia.

Al di là dei punti confusi dell'Agenda, le reali iniziative dell'ONU sui cambiamenti climatici hanno un riferimento nelle COP (Conference of the Parties) iniziate nel 1995 con la COP1 tenutasi a Berlino che in seguito sono state svolte con cadenza annuale. Alle conferenze partecipano tutti i paesi dell'ONU e si stabiliscono di volta in volta obiettivi e iniziative che di fatto si possono riassumere in una sola: eliminare l'impiego di combustibili fossili.

L'Agenda chiude questo punto con l'indicazione di creare un fondo per aiutare i paesi meno sviluppati e per aumentare la pianificazione e la gestione dei cambiamenti climatici. Vengono cioè dati finanziamenti affinché i paesi poveri non impieghino gli economici e abbondanti combustibili fossili optando per le costose e insufficienti fonti Green. Questo si traduce in un incentivo affinché quei paesi non si industrializzino: soldi ai governanti per comprare il mancato sviluppo.

Testo dell'Agenda al punto 13

13.1 Rafforzare la resilienza e la capacità di adattamento ai rischi legati al clima e ai disastri naturali in tutti i paesi.
13.2 Integrare nelle politiche, nelle strategie e nei piani nazionali le misure di contrasto ai cambiamenti climatici.
13.3 Migliorare l'istruzione, la sensibilizzazione e la capacità umana e istituzionale riguardo ai cambiamenti climatici in materia di mitigazione, adattamento, riduzione dell'impatto e di allerta precoce.
13.a Dare attuazione all'impegno assunto nella Convenzione quadro delle Nazioni Unite sui cambiamenti climatici per raggiungere l'obiettivo di mobilitare 100 miliardi di dollari all'anno entro il 2020 congiuntamente da tutte le fonti, per affrontare le esigenze dei paesi in via di sviluppo nel contesto delle azioni di mitigazione significative e della trasparenza circa l'attuazione e la piena operatività del "Green Climate Fund" attraverso la sua capitalizzazione nel più breve tempo possibile.
13.b Promuovere meccanismi per aumentare la capacità di una efficace pianificazione e gestione connesse al cambiamento climatico nei paesi meno sviluppati e nei piccoli Stati insulari in via di sviluppo concentrandosi, tra l'altro, sulle donne, i giovani e le comunità locali ed emarginate.

Analisi degli obiettivi al punto 13

Insolitamente pochi i punti contenuti nel goal che costituisce il pilastro su cui tutta l'Agenda si sostiene, solo tre indicazioni chiare e forti.

Al **13.1** troviamo "**Rafforzare la resilienza e la capacità di adattamento ai rischi legati al clima e ai disastri naturali in tutti i paesi**". La "resilienza", come abbiamo visto, non va confusa con la "resistenza" poiché va intesa come la capacità di superare le difficoltà subendone le conseguenze e non contrastandole attivamente. Rafforzare la resilienza in tutti i

paesi vuol dire limitare gli investimenti pubblici ovunque e rassegnarsi al degrado delle infrastrutture. Le spese verranno fatte per fronteggiare i danni prodotti e non per prevenirli, questa è la "resilienza".
Poche parole ma decisive al **13.2**: **"Integrare nelle politiche, nelle strategie e nei piani nazionali le misure di contrasto ai cambiamenti climatici"**.
Le leggi adottate dai vari stati dovranno essere conformi alle politiche sul contenimento delle emissioni di CO_2 che significa meno energia disponibile e a un costo molto più alto comportando un aumento generalizzato dei prezzi. La libertà di azione dei parlamenti nazionali, sarà vincolata alle indicazioni date da enti sovranazionali in tema di clima. Si realizzerà quella che viene chiamata una "governance globale", vere e proprie linee guida alle quali i governi eletti dovranno attenersi.

Affinché tutto questo possa essere realizzato senza incontrare la resistenza della popolazione, è necessaria una formazione mirata fin dalla scuola che continui per tutte le età. Di questo si occupa il punto **13.3**: **"Migliorare l'istruzione, la sensibilizzazione e la capacità umana e istituzionale riguardo ai cambiamenti climatici in materia di mitigazione, adattamento, riduzione dell'impatto e di allerta precoce"**.
Riguardo l'istruzione, il riferimento è proprio all'Agenda 2030 che è entrata a far parte dell'Educazione Civica. Dove in passato l'attenzione era sullo studio della Costituzione e del funzionamento dello Stato, adesso si deve insegnare a uniformarsi al contenuto dell'Agenda.

Analisi degli strumenti di attuazione del punto 13
Le soluzioni proposte ai punti **13. a-b** sono unicamente il sostegno al Green Climate Fund, un ente affiliato alla stessa ONU che dovrebbe versare 100 miliardi di dollari per aiutare i paesi in via di sviluppo ad adeguarsi all'Agenda stessa. Questi

fondi dovranno quindi servire a non far utilizzare a questi paesi le consolidate e convenienti tecnologie a combustibili fossili; saranno pagati per non svilupparsi. Non manca un riferimento alle donne, ai giovani e agli emarginati che evidentemente non hanno un collegamento diretto con l'argomento trattato, evidenziando una forma di "buonismo'" che fa da sfondo all'intero discorso.

AGENDA 2030
PUNTO 14
VITA SOTT'ACQUA

Analisi del punto 14
La "vita sott'acqua" non è, come qualcuno potrebbe pensare, la proposta di costruire città sottomarine perché questo sarebbe un modo di pensare conforme a una visione antropocentrica ormai sorpassata o, peggio ancora, da esecrare. L'essere umano è "un cancro del pianeta" e in conformità con questo suo status, le attività umane non devono espandersi ma ridursi. Arrivati al quattordicesimo punto dell'Agenda, questo è ben chiaro ed emerge distintamente attraverso una cortina di fumo che rende invece gli obiettivi dichiarati molto poco definiti.

Ridurre l'inquinamento marino è una delle tante intenzioni sulle quali non si può che essere d'accordo. Il fatto è che ci sono diversi modi per ridurre l'impatto sull'ambiente che a sua volta è una conseguenza delle attività di qualsiasi specie vivente. Nel caso del punto 14 si solleva l'attenzione sull'inquinamento delle acque derivante dalle attività terrestri ma, come abbiamo già visto nei punti precedenti, non viene detto che l'inquinamento derivante dalle attività umane è a sua volta una conseguenza della riduzione dei costi dei prodotti imposta dall'economia di mercato. Il trattamento dei rifiuti industriali e di altre attività è un costo che non incide sul valore del prodotto e che quindi va eliminato il più possibile. Si legge anche un riferimento ai "nutrienti". Si parla direttamente delle vostre vite poiché tra "i nutrienti" sono inclusi gli scarichi fognari principalmente sotto forma di derivati del fosforo e dell'azoto. Di fatto in assenza di depuratori, il problema siamo noi con il nostro ciclo vitale che produce escrementi. Non si considerano quelli animali visto che non finiscono nelle fogne e quindi nelle acque.

Ma non è tutto, i nutrienti che provengono dalla terra sono anche quelli derivanti dai fertilizzanti che sono infatti costituiti in buona parte di fosforo e azoto. Appare in tutta la sua evidenza come una riduzione dei "nutrienti" senza che vengano proposte misure adatte a farlo, significa ridurre la loro produzione e, almeno nell'immediato, ridurre i fertilizzanti e con questi la produzione agricola. Ovviamente questo va in contrasto con gli obiettivi posti al punto **1** e **2** ma la cosa non viene evidenziata.

Una volta ridotta la produzione agricola, si va a colpire anche la pesca con la motivazione di eliminare quella "eccessiva'" (chi stabilisce il limite?) e quella "illegale" (ci può finire dentro di tutto, anche leggi assurde ma legali). Ma il capolavoro lo leggiamo con quella "non dichiarata" e "non regolamentata". Immaginiamo un paese povero in cui i pescatori al limite della sussistenza devono preoccuparsi di "dichiarare" la loro attività perché i loro governanti, anziché preoccuparsi di metterli in condizione di affrontare al meglio la loro attività, si mettono a produrre "regolamenti" su pratiche millenarie. [12]

L'attenzione alla "vita sott'acqua" riesce benissimo a ridurre la vita fuori dall'acqua abbassando la produzione di alimenti di ogni tipo. Tuttavia il trattamento contro la crescita cancerosa dell'umanità non si ferma qui; l'idea di un "ripristino" di zone costiere implica un arretramento delle aree abitate per tornare allo "stato di natura". Questo principio ricordiamo che è stato votato nel luglio 2023 dal parlamento europeo con la *Nature restoration law*.

Il miglioramento della vita sott'acqua tramite le iniziative proposte dall'ONU con la sua Agenda 2030 appare molto dubbio, molto certo è invece il peggioramento della vita fuori dall'acqua, ma solo per quel che riguarda la specie umana.

---

[12] **Ue mette le telecamere sui pescherecci, protestano pescatori**
https://www.ansa.it/liguria/notizie/2023/10/21/ue-mette-le-telecamere-sui-pescherecci-protestano-pescatori_75cac053-6c91-498c-93d1-df75b2b960fe.html

Testo dell'Agenda al punto 14
14.1 Entro il 2025, prevenire e ridurre in modo significativo l'inquinamento marino di tutti i tipi, in particolare quello proveniente dalle attività terrestri, compresi i rifiuti marini e l'inquinamento delle acque da parte dei nutrienti.

14.2 Entro il 2020 gestire e proteggere in modo sostenibile gli ecosistemi marini e costieri per evitare impatti negativi significativi, anche rafforzando la loro capacità di recupero e agendo per il loro ripristino, al fine di ottenere oceani sani e produttivi.

14.3 Ridurre al minimo e affrontare gli effetti dell'acidificazione degli oceani anche attraverso una maggiore cooperazione scientifica a tutti i livelli.

14.4 Entro il 2020, regolare efficacemente la raccolta e porre fine alla pesca eccessiva, la pesca illegale, quella non dichiarata e non regolamentata e alle pratiche di pesca distruttive, e mettere in atto i piani di gestione su base scientifica, al fine di ricostituire gli stock ittici nel più breve tempo possibile, almeno a livelli in grado di produrre il rendimento massimo sostenibile come determinato dalle loro caratteristiche biologiche.

14.5 Entro il 2020, proteggere almeno il 10 per cento delle zone costiere e marine, coerenti con il diritto nazionale e internazionale e sulla base delle migliori informazioni scientifiche disponibili.

14.6 Entro il 2020, vietare quelle forme di sovvenzioni alla pesca che contribuiscono all'eccesso di capacità e alla pesca eccessiva, eliminare i sussidi che contribuiscono alla pesca illegale, non dichiarata e non regolamentata e astenersi dall'introdurre nuove sovvenzioni di questo tipo, riconoscendo che un trattamento speciale e differenziato adeguato ed efficace per i paesi in via di sviluppo e i paesi meno sviluppati dovrebbe essere parte integrante del negoziato sui sussidi alla pesca dell'Organizzazione Mondiale del Commercio.

14.7 Entro il 2030, aumentare i benefici economici derivanti dall'uso sostenibile delle risorse marine per i piccoli Stati insulari e i paesi meno sviluppati, anche mediante la gestione sostenibile della pesca, dell'acquacoltura e del turismo.

14.a Aumentare le conoscenze scientifiche, sviluppare la capacità di ricerca e di trasferimento di tecnologia marina, tenendo conto dei criteri e delle linee guida della Commissione Oceanografica Intergovernativa sul trasferimento di tecnologia marina, al fine di migliorare la salute degli oceani e migliorare il contributo della biodiversità marina per lo sviluppo dei paesi in via di sviluppo, in particolare i piccoli Stati insulari in via di sviluppo e i paesi meno sviluppati.

14.b Assicurare ai piccoli pescatori artigianali l'accesso alle risorse e ai mercati marini.

14.c Migliorare la conservazione e l'uso sostenibile degli oceani e delle loro risorse tramite l'applicazione del diritto internazionale, che si riflette nell'UNCLOS, che fornisce il quadro giuridico per l'utilizzo e la conservazione sostenibile degli oceani e delle loro risorse, come ricordato al punto 158 de "Il futuro che vogliamo".

Analisi degli obiettivi del punto 14
Il punto **14.1** è uno di quelli che appare fallito in partenza. Il 2025 è davvero troppo vicino per sperare di **"ridurre in modo significativo l'inquinamento marino di tutti i tipi, in particolare quello proveniente dalle attività terrestri, compresi i rifiuti marini e l'inquinamento delle acque da parte dei nutrienti"**.

L'inquinamento marino, esattamente come quello della terra e delle acque di fiumi e laghi, è una conseguenza di un'economia che per massimizzare i profitti deve ridurre al minimo i costi di trattamento degli scarichi e delocalizzare le industrie in paesi del Terzo Mondo dove le tutele per l'ambiente vengono disattese. Il sistema economico neoliberista è all'origine di tutti i problemi posti dall'Agenda 2030 ma non viene mai nominato e ciò pone le basi per un fallimento annunciato.

Infine anche il ridicolo si affaccia nell'Agenda quando al punto **14.2** viene posto un traguardo per lo stesso 2020, un fallimento annunciato e messo nero su bianco "**Entro il 2020 gestire e proteggere in modo sostenibile gli ecosistemi marini e costieri**", o forse è una dichiarazione che in realtà quegli obiettivi non interessano veramente. Bisognerebbe domandarsi allora a cosa serve davvero l'Agenda 2030. Ad oggi, estate 2023, sono passati tre anni ed è quindi evidente che tali obiettivi siano stati del tutto disattesi e questa è la dimostrazione pratica che anche tutti gli altri punti dell'Agenda sono pura demagogia, esattamente come gli obiettivi per l'anno 2020 e come tali chiaramente destinati a fare la stessa fine; se l'Agenda fosse una cosa seria, ad oggi gli obiettivi prefissati a tre anni fa sarebbero stati raggiunti almeno parzialmente.

Il **14.3** ripropone per altre vie la questione della CO_2: "**Ridurre al minimo e affrontare gli effetti dell'acidificazione degli oceani anche attraverso una maggiore cooperazione scientifica a tutti i livelli**". In effetti l'acidificazione degli oceani è collegata alla quantità di anidride carbonica presente nell'aria che poi passa nell'acqua sotto forma di acido carbonico, tuttavia mancando un'incontrovertibile dimostrazione[13] che tale acidificazione sia dovuta alle attività umane piuttosto che naturali, le conclusioni di questo punto sono decisamente pretestuose. La "riduzione dell'acidificazione attraverso una maggiore cooperazione scientifica" non significa a questo punto molto se non una omologazione delle analisi del mondo scientifico al riguardo. Noti sono i tanti casi di scienziati dell'atmosfera e ricercatori di livello internazionale la cui opinione è stata platealmente silenziata poiché non conforme alla narrazione unica, tra questi ricordiamo la cancellazione di una conferenza del premio

---

[13] https://www.nature.com/articles/524018a
https://co2coalition.org/wp-content/uploads/2021/11/2015-Cohen-Happer-Fundamentals-of-Ocean-pH.pdf

Nobel per la fisica del 2022, John Clauser[14] e della esclusione del principale fisico dell'atmosfera italiano, Franco Prodi, dai grand media e dal dibattito pubblico sul clima nonché il silenziamento del Nobel per la fisica Carlo Rubbia che aveva espresso in Senato delle riserve sulla teoria del riscaldamento climatico antropogenico..

Un vero e proprio piano per creare problemi alla pesca viene indicato al punto **14.4**: "**regolare efficacemente la raccolta e porre fine alla pesca eccessiva, la pesca illegale, quella non dichiarata e non regolamentata e alle pratiche di pesca distruttive, e mettere in atto i piani di gestione su base scientifica, al fine di ricostituire gli stock ittici nel più breve tempo possibile, almeno a livelli in grado di produrre il rendimento massimo sostenibile come determinato dalle loro caratteristiche biologiche"**.

Le intenzioni come sempre sono buone ma "porre fine alla pesca eccessiva" è un passaggio nel quale si può fare entrare di tutto. Chi deciderà quando una pesca è eccessiva avrà in mano il destino di milioni di persone che di questo vivono. Stesso discorso per il passaggio in cui si parla di **"produrre il rendimento massimo sostenibile"**. Come già visto la parola "sostenibile" implica una riduzione delle attività umane che prevede come possibile traguardo il totale azzeramento.. L'obiettivo di annientamento delle attività tutte, si vede già operante nei progetti per le città "sostenibili da quindici minuti" del gruppo di sindaci (delle maggiori città occidentali) denominato C40.

Al **14.5** troviamo **"proteggere almeno il 10% delle zone costiere e marine, coerenti con il diritto nazionale e internazionale e sulla base delle migliori informazioni scientifiche disponibili"**.

---

[14] https://www.newsweek.com/nobel-prize-winner-who-doesnt-believe-climate-crisis-has-speech-canceled-1815020

Ancora una volta un obiettivo vago che può avere come finalità quello di aprire a soluzioni di sottrazione di territorio a qualsiasi attività umana come quelle previste dalla *Restoration Law* approvata nel luglio 2023 dalla UE. Idee come questa, con il pretesto di conservare o restaurare la natura, riducono di fatto le risorse disponibili per la vita umana.

L'aggressione alla pesca come mezzo di sostentamento continua al punto **14.**6: "**vietare quelle forme di sovvenzioni alla pesca che contribuiscono all'eccesso di capacità e alla pesca eccessiva, eliminare i sussidi che contribuiscono alla pesca illegale, non dichiarata e non regolamentata e astenersi dall'introdurre nuove sovvenzioni di questo tipo, riconoscendo che un trattamento speciale e differenziato adeguato ed efficace per i paesi in via di sviluppo e i paesi meno sviluppati dovrebbe essere parte integrante del negoziato sui sussidi alla pesca dell'Organizzazione Mondiale del Commercio**".

Ovviamente si parla di vietare le attività nocive come la pesca "eccessiva" e si propone di riconoscere invece un trattamento speciale e differenziato per i paesi in via di sviluppo. La prima parte, cioè vietare le sovvenzioni alla pesca, verrà facilmente attuata, la seconda sarà più difficile.

Chiude tutto il punto **14.**7 affermando il proposito di "**aumentare i benefici economici derivanti dall'uso sostenibile delle risorse marine per i piccoli Stati insulari e i paesi meno sviluppati, anche mediante la gestione sostenibile della pesca, dell'acquacoltura e del turismo**".

L'annunciata "gestione sostenibile" appare come un vincolo severissimo alle attività indicate. Pesca, acquacoltura e turismo, non potendo essere aumentate, non potranno che essere ridotte.

Analisi degli strumenti di attuazione del punto 14
Le azioni proposte ai punti **14. a-b-c** vanno dal generico e immancabile intento di "**aumentare le conoscenze scientifiche**".
Una proposta chiaramente di facciata è quella di "**Assicurare ai piccoli pescatori artigianali l'accesso alle risorse e ai mercati marini**", come se attualmente l'accesso al mare e ai mercati fosse un problema per i piccoli pescatori artigianali. Per finire troviamo l'immancabile riferimento alla "sostenibilità" dove si afferma di voler "**Migliorare la conservazione e l'uso sostenibile degli oceani e delle loro risorse tramite l'applicazione del diritto internazionale, che si riflette nell'UNCLOS, che fornisce il quadro giuridico per l'utilizzo e la conservazione sostenibile degli oceani e delle loro risorse, come ricordato al punto 158 de "Il futuro che vogliamo**". Di fatto una riduzione della capacità di trarre alimenti dal mare imposta da trattati internazionali che stabiliranno misure restrittive in tutto il mondo.

AGENDA 2030
PUNTO 15
LA VITA SULLA TERRA

Analisi del punto 15
Arrivati al punto **15**, l'impiego costante nelle pagine precedenti del termine "sostenibile" trova la sua spiegazione: il modo migliore per attuare la sostenibilità è far arretrare la presenza umana sul pianeta. Dopo aver detto che si dovranno "ripristinare" gli ambienti marini, si pone coerentemente la questione del ripristino di quelli di acqua dolce e terrestri. La scelta del verbo "ripristinare" va capita attraverso il suo significato che è molto preciso ed è composto dalla parola latina "pristinus'" che significa "primitivo" o "anteriore", e quindi con ri-prisinare si parla di un ritorno allo stato anteriore o primitivo. Quando allora si parla di "ripristinare gli ecosistemi" si intende quindi l'intenzione di riportarli allo stato primitivo, ovvero allo stato di assenza di insediamenti umani o manufatti di alcun tipo. Se questo non fosse l'obiettivo desiderato, dovremo dedurre che all'ONU non sanno usare in modo adeguato i vocaboli mostrando un'incompetenza forse ancora più preoccupante delle cattive intenzioni.

Si propone di combattere la desertificazione e le inondazioni, fenomeni che solo apparentemente non sarebbero dovuti all'azione dell'uomo, ma che sappiamo invece esserlo per via dell'accusa di provocare i cambiamenti climatici con le emissioni di CO_2 conseguenti all'impiego dei combustibili fossili. Anche quando la cosa non viene menzionata esplicitamente, si parla delle colpa di base dell'umanità.

In realtà l'unico modo per fronteggiare siccità, desertificazione e inondazioni sarebbe quello di finanziare grandi opere pubbliche per la gestione del territorio e delle risorse, ma come sappiamo le politiche economiche neoliberiste attualmente adottate nel mondo occidentale e improntate alla riduzione della spesa pubblica, non lo consentono.

L'attenzione al traffico di specie protette e al problema del bracconaggio, appare decisamente un'operazione con la quale un problema marginale viene amplificato dando l'impressione di voler riempire delle righe per dare un aspetto di buone intenzioni al tutto. Il commercio e la caccia di specie protette è già sanzionato per legge e per quanto sia innegabilmente un problema, dal punto di vista della comunicazione questo problema viene usato in modo del tutto strumentale per mostrare la sedicente bontà dell'Agenda.

Il proposito di ridurre l'impatto di specie aliene appare poco attuabile a meno di non introdurre sistemi di controllo alle frontiere estremamente restrittivi come quelli attualmente in vigore solo in Australia. Il recente caso del granchio blu fornisce un esempio chiaro di come va interpretata l'Agenda quando parla di "ridurre l'impatto delle specie aliene". Il granchio blu è originario del nord Atlantico ed è giunto nei nostri mari probabilmente viaggiando nelle cavità di navi mercantili. Il problema è che questo granchio si riproduce velocemente ed è un vorace predatore di molluschi e uova di specie ittiche autoctone. La colpa di questa invasione viene data da molte parti alla pesca incontrollata (cosa tutta da dimostrare) ed ecco che ancora una volta la colpa è dell'uomo e la soluzione si delinea in una riduzione delle attività di pesca in conformità con il goal numero **14**.

Le indicazioni si concludono con un'esortazione a "tutelare la biodiversità nella pianificazione delle iniziative di sviluppo per ridurre la povertà", ma le due cose non sono facili da conciliare. In realtà l'idea di sottoporre a restrizioni, elaborate da burocrazie distanti dai problemi reali delle popolazioni in paesi poveri, significa negargli la possibilità stessa di uscire dallo stato di indigenza.

L'inquinamento e lo sfruttamento incontrollato dell'ambiente vanno di pari passo con lo sfruttamento della manodopera a basso costo; nessuna popolazione in un paese sviluppato accetterebbe di vivere in un ambiente inquinato.

La biodiversità e la tutela ambientale si possono tutelare solamente con politiche economiche che non mettano le economie sviluppate in condizione di competere con paesi poveri e i loro prodotti mantenuti a basso costo per via dello sfruttamento. La vera ecologia ambientale va di pari passo con l' "ecologia umana". Privata di queste considerazioni, l'Agenda 2030 al punto **15** si traduce in un percorso di perpetrazione della povertà nei paesi in via di sviluppo che si traduce poi in una nuova povertà anche in quelli sviluppati. Un meccanismo che favorisce la concentrazione di ricchezze sempre maggiori in un numero sempre minore di soggetti; se una cosa non serve a niente serve a qualcos'altro.

Testo dell'Agenda al punto 15
15.1 Entro il 2020, garantire la conservazione, il ripristino e l'uso sostenibile degli ecosistemi di acqua dolce terrestri e nell'entroterra e dei loro servizi, in particolare le foreste, le zone umide, le montagne e le zone aride, in linea con gli obblighi derivanti dagli accordi internazionali.
15.2 Entro il 2020, promuovere l'attuazione di una gestione sostenibile di tutti i tipi di foreste, fermare la deforestazione, promuovere il ripristino delle foreste degradate e aumentare notevolmente l'afforestazione e riforestazione a livello globale.
15.3 Entro il 2030, combattere la desertificazione, ripristinare i terreni degradati ed il suolo, compresi i terreni colpiti da desertificazione, siccità e inondazioni, e sforzarsi di realizzare un mondo senza degrado del terreno.
15.4 Entro il 2030, garantire la conservazione degli ecosistemi montani, compresa la loro biodiversità, al fine di migliorare la loro capacità di fornire prestazioni che sono essenziali per lo sviluppo sostenibile.
15.5 Adottare misure urgenti e significative per ridurre il degrado degli habitat naturali, arrestare la perdita di biodiversità e, entro il 2020, proteggere e prevenire l'estinzione delle specie minacciate.

15.6 Promuovere la condivisione giusta ed equa dei benefici derivanti dall'utilizzo delle risorse genetiche e promuovere l'accesso adeguato a tali risorse, come concordato a livello internazionale.

15.7 Adottare misure urgenti per porre fine al bracconaggio ed al traffico di specie di flora e fauna protette e affrontare sia la domanda che l'offerta di prodotti della fauna selvatica illegali.

15.8 Entro il 2020, adottare misure per prevenire l'introduzione e ridurre significativamente l'impatto delle specie alloctone (aliene) invasive sulla terra e sugli ecosistemi d'acqua e controllare o eradicare le specie prioritarie.

15.9 Entro il 2020, integrare i valori di ecosistema e di biodiversità nella pianificazione nazionale e locale, nei processi di sviluppo, nelle strategie di riduzione della povertà e account nella contabilità.

15.a Mobilitare ed aumentare sensibilmente le risorse finanziarie da tutte le fonti per conservare e utilizzare in modo durevole biodiversità ed ecosistemi.

15.b Mobilitare risorse significative da tutte le fonti e a tutti i livelli per finanziare la gestione sostenibile delle foreste e fornire adeguati incentivi ai paesi in via di sviluppo per far progredire tale gestione, anche per quanto riguarda la conservazione e la riforestazione.

15.c Migliorare il sostegno globale per gli sforzi a combattere il bracconaggio e il traffico di specie protette, anche aumentando la capacità delle comunità locali di perseguire opportunità di sostentamento sostenibili.

Analisi degli obiettivi del punto 15

Ed ecco che dopo aver affrontato "la vita sotto l'acqua", è al punto 15 dell'Agenda che si inizia a parlare della "vita sulla Terra". Si può notare come i punti iniziali fossero dedicati all'essere umano, mentre inoltrandosi verso la fine dei "goals", il soggetto da tutelare diventa il pianeta. Non si tratta però di una tutela in vista del benessere delle persone, piuttosto di una tutela della Natura in senso assoluto; è il pianeta in sé il soggetto da tutelare.

Veniamo al punto **15.1**: **"garantire la conservazione, il ripristino e l'uso sostenibile degli ecosistemi di acqua dolce terrestri e nell'entroterra e dei loro servizi, in particolare le foreste, le zone umide, le montagne e le zone aride, in linea con gli obblighi derivanti dagli accordi internazionali"**.
Al riguardo si può vedere un chiaro esempio di applicazione del dettato dell'Agenda. A parte l'immancabile termine "sostenibile" che come già visto implica che l'umanità sia un peso per la Terra, insieme a quell'entità personificata che si può chiamare anche "Gea" o "Gaia", come si preferisce, compare anche il termine "ripristino" che va ben oltre la pur citata "conservazione".
Il "ripristino" significa riportare le aree su cui si è sviluppata un'attività umana allo stato primordiale. I primi territori a essere "ripristinati" saranno alcune zone agricole ma poi evidentemente ci si spingerà oltre. L'idea è trasformare in riserva naturale porzioni sempre più ampie di territorio il che significa espellere le comunità umane e concentrarle sempre più nelle zone già urbanizzate che a loro volta dovranno essere imperativamente "smart cities da 15 minuti".
Una spinta all'urbanizzazione sembra essere il punto di arrivo del ripristino, un'urbanizzazione con carenza di risorse alimentari perché se le aree agricole verranno riportate allo stato naturale saranno sottratte alle coltivazioni, in contrasto evidentemente con quanto esposto nei punti precedenti, ma si direbbe che gli estensori dell'Agenda non siano preoccupati dalle evidenti contraddizioni.

Sullo stesso piano prosegue il punto **15.2** dove si afferma di voler **"promuovere l'attuazione di una gestione sostenibile di tutti i tipi di foreste, fermare la deforestazione, promuovere il ripristino delle foreste degradate e**

aumentare notevolmente l'afforestazione e riforestazione a livello globale". Notiamo per l'ennesima volta la ripetizione insistita del termine "sostenibile" e la riaffermazione del termine "ripristino" riferito alle foreste degradate che in questo caso si estende a un "aumentare notevolmente" la forestazione a livello globale. Quindi aree che oggi non sono foreste dovranno diventarlo. Inevitabilmente terreni potenzialmente agricoli o abitabili non saranno più utilizzabili da parte della popolazione. Paradossalmente proprio a causa delle emissioni di CO_2 nell'atmosfera, la superficie verde del pianeta è aumentata (la CO_2 è un fertilizzante naturale), l'Agenda dovrebbe a questo punto favorire le emissioni di CO_2.

Esilarante se non fosse spaventoso il progetto del "filantropo" Bill Gates che ha già investito parecchi milioni di euro nella start-up Kodama Systems secondo cui tagliare ettari di bosco per poi seppellire gli alberi aiuterà a limitare la quantità di CO_2 nell'atmosfera. Non è tuttavia chiaro come seppellire un albero dovrebbe essere più efficace a contenere la CO_2 rispetto a lasciarlo in terra ad assorbirla rilasciando ossigeno utile a tutte le creature viventi.

Molto vago il punto **15.3** dove si sostiene che entro il 2030 si dovrebbe **"combattere la desertificazione, ripristinare i terreni degradati ed il suolo, compresi i terreni colpiti da desertificazione, siccità e inondazioni, e sforzarsi di realizzare un mondo senza degrado del terreno"**.
Non si indicano quali siano le aree colpite da desertificazione e come questa dovrebbe essere combattuta, non si specifica se dovranno essere realizzate dighe o acquedotti o se ci si dovrà limitare ad applicare le misure contro il cambiamento climatico, nei due casi la differenza è sostanziale.
Genericamente condivisibile il punto **15.4** dove si afferma di voler **"garantire la conservazione degli ecosistemi montani, compresa la loro biodiversità, al fine di migliorare la loro capacità di fornire prestazioni che sono**

essenziali per lo sviluppo sostenibile". Vediamo però come l'onnipresente termine "sostenibile" apra alla possibilità che i sistemi montani più che essere "garantiti" possano vedere l'espulsione delle attività umane. Lo stesso discorso può esser fatto per il punto successivo, il **15.5** dove ci si propone di **"Adottare misure urgenti e significative per ridurre il degrado degli habitat naturali, arrestare la perdita di biodiversità e, entro il 2020, proteggere e prevenire l'estinzione delle specie minacciate"**.
Tutte intenzioni lodevoli, la differenza starà nelle "misure" che verranno adottate. Al riguardo l'approvazione da parte della UE della *Nature restoration law* non lascia dubbi sul fatto che saranno penalizzanti per le attività umane. Superfluo far notare che tale obiettivo è fallito già da tre anni.

Estremamente insidioso il punto successivo, il **15.6** in cui leggiamo **"Promuovere la condivisione giusta ed equa dei benefici derivanti dall'utilizzo delle risorse genetiche e promuovere l'accesso adeguato a tali risorse, come concordato a livello internazionale"**.
La terminologia "risorse genetiche" appare immediatamente insolita, cosa si intende esattamente?
Possiamo escludere che ci si riferisca allo scambio di semi o varietà vegetali e animali per l'agricoltura e la zootecnia, in tal caso si sarebbe usato il termine "varietà" o "specie", invece si è scelto proprio di parlare di "risorse genetiche". Evidentemente il riferimento è a quelle innovazioni che vanno sotto il nome di OGM, Organismi Geneticamente Modificati. Non si esprime alcuna forma di prudenza verso queste tecnologie che sollevano molti dubbi sia sul piano delle ricadute per la salute umana sia per quel che riguarda la contaminazione genetica irreversibile delle future generazioni di piante che potrebbero subire modifiche in contrasto con ogni principio di precauzione. La questione sorta intorno alle sementi OGM della Monsanto e del diserbante Roundup (glifosato), hanno dimostrato che l'impiego di organismi geneticamente modificati solleva ogni

genere di problemi e promuovere la diffusione di questi prodotti è un'azione quantomeno molto imprudente. Una delle implicazioni degli organismi geneticamente modificati è la loro brevettabilità. Dal punto di vista legale l'impiego di quelle sementi vincola in modo praticamente irreversibile gli agricoltori all'acquisto presso lo stesso produttore divenendone dipendente e in ultima analisi ricattabile. Infine tutti i vantaggi offerti dalle tecniche OGM possono essere ottenuti con lo sviluppo e la piena applicazione di tecniche tradizionali, anche questo punto dell'Agenda è quindi altamente contestabile.

I punti **15.7-8-9** fanno parte della categoria dei "nati morti'". Avendo come orizzonte temporale l'anno 2020, appare quantomeno singolare averli posti nell'Agenda 2030 che si sviluppa proprio a partire dal 2020.

Analisi degli strumenti di attuazione del punto 15
Veniamo ora alle "azioni" proposte, termine generoso poiché si tratta di argomenti fumosi e praticamente indistinguibili dalle "intenzioni" proposte. Vediamo che ai punti **15. a-b-c** si parla di **"Mobilitare ed aumentare sensibilmente le risorse finanziarie da tutte le fonti per conservare e utilizzare in modo durevole biodiversità ed ecosistemi"**.

Il riferimento a un "tutte le fonti" in un sistema neoliberista significa mobilitare risorse finanziarie non statali con conseguente "privatizzazione" dell'ambiente naturale. Questo timore viene confermato al punto **b** dove si legge **"Mobilitare risorse significative da tutte le fonti e a tutti i livelli per finanziare la gestione sostenibile delle foreste e fornire adeguati incentivi ai paesi in via di sviluppo per far progredire tale gestione, anche per quanto riguarda la conservazione e la riforestazione"**.

In sostanza si ribadisce il punto **a** ponendo l'accento sul finanziamento da "tutte le fonti" per ottenere una "gestione sostenibile". Tradotto alla luce del già citato *Nature restoration law,* significa privatizzare ed espellere le comunità umane dai territori interessati. Al punto **c** vediamo ancora un riferimento al bracconaggio e qui viene chiarito il senso di questa attenzione: "**Migliorare il sostegno globale per gli sforzi a combattere il bracconaggio e il traffico di specie protette, anche aumentando la capacità delle comunità locali di perseguire opportunità di sostentamento sostenibili**".

Il Bracconaggio e il traffico di specie protette (quali siano le "specie protette" evidentemente lo decideranno agenzie che afferiscono all'Agenda) legati alle "opportunità di sostentamento sostenibili", vanno letti come la capacità delle comunità di sostentarsi con le risorse naturali disponibili, ricorrendo alla caccia e alla pesca e al commercio di animali non di allevamento. Le opportunità, sia ben chiaro "sostenibili", sono quelle che andranno soggette alle precedentemente citate "risorse genetiche" e di metodi dipendenti da fonti tecnologiche esterne. Il *goal* appare quindi caratterizzato dalla perdita di indipendenza delle piccole comunità e la loro stessa espulsione dagli habitat naturali che occupano. L'Agenda ama l'urbanizzazione e la perdita di autonomia a favore della finanza e delle grandi società multinazionali. Detto in soldoni, alla tribù africana che dalla notte dei tempi caccia le antilopi per il proprio sostentamento, potrà essere chiesto di recarsi al supermercato (che non c'è) per comprare la carne sintetica coltivata in un laboratorio a migliaia di chilometri di distanza.

AGENDA 2030
PUNTO 16
GIUSTIZIA E ISTITUZIONI SOLIDE

Analisi del punto 16
Alla lettura delle prime righe di questo goal numero **16,** se non sapessimo che si tratta di un documento firmato da centonovantatre paesi dell'ONU, si potrebbe pensare di essersi imbattuti in un classico esempio di demagogia pre-elettorale. Questo punto **16** inizia infatti con la dichiarazione di voler ridurre "significativamente" tutte le forme di violenza, in particolare ci si propone di eliminare tutte le forme di abuso e violenza verso i bambini.
La mancanza di un'analisi che preceda la trattazione è in questo caso particolarmente grave poiché la definizione di cosa sia "abuso e violenza" può cambiare molto in base alle società interessate. In Occidente per esempio si chiederà l'eliminazione delle pratiche di infibulazione mentre i paesi di cultura islamica potrebbero difenderle, viceversa quest'ultimi potrebbero ritenere degli abusi e delle violenze verso i bambini gli interventi per il cambio di sesso ritenuto una conquista di civiltà, altri ritengono che in entrambi i casi siamo di fronte ad atti di abuso, tortura anche psicologica e violenza sui bambini.
Gli stessi paesi occidentali in cui l'Agenda viene insegnata nelle scuole sono inoltre i principali sostenitori della rivoluzione Green che per essere attuata ha bisogno di risorse minerarie ottenute a prezzi accessibili solo grazie allo sfruttamento dei bambini nei paesi del Terzo Mondo. Come si conciliano le due priorità dell'Agenda se di fatto la rivoluzione Green si regge sulle spalle di bambini sfruttati? Queste sono le contraddizioni che derivano dal fatto di non aver effettuato un'analisi dei problemi che si vogliono risolvere. Nell'Agenda si punta solamente sul risultato finale, un atteggiamento drammatico che si potrebbe definire ingenuo se non proprio ingannevole. Viene nominato anche "l'accesso alla giustizia per tutti", ma

anche in questo caso sfugge il fatto che l'esistenza di un sistema giudiziario efficiente e opportunamente dimensionato si può realizzare solamente in un sistema economico che garantisca le risorse necessarie. La mancanza di un sistema giudiziario strutturato, così come le disuguaglianze di ogni tipo, sono frutto della povertà che, come abbiamo visto fin dal primo goal, non può essere eliminata se prima non si mette in discussione il sistema neoliberista e neoimperialista. E anche la corruzione diffusa è un problema legato in modo direttamente proporzionale alla miseria. È dove i servizi sono insufficienti che si paga per accedervi prima degli altri, è dove gli stipendi sono insufficienti che è più facile accettare la "mazzetta". Ogni crimine non è sradicabile per intero ma la sua diffusione su larga scala viene sempre alimentata dalla miseria, fermo restando che la corruzione è presente anche nei paesi industrializzati ma non in modo così capillare.

Ancora un classico "elefante nella stanza" compare quando s'incontra un riferimento ai "flussi finanziari illeciti" che l'Agenda lodevolmente vorrebbe eliminare. Sembra che tuttavia all'ONU venga nascosto il fatto che la fonte dei traffici illeciti sono i cosiddetti "paradisi fiscali" come quelli delle isole Cayman che risultano un territorio inglese d'oltremare. Come può essere credibile denunciare i traffici finanziari illeciti senza indicarne i responsabili?

Lo stesso discorso vale per i traffici di armi che tra l'altro necessitano dei sopracitati traffici finanziari, lo testimoniano vicende del passato molto note come lo scandalo denominato *Iran-Contras* dove gli USA fornivano illegalmente armi ai Contras, i guerriglieri controrivoluzionari nicaraguensi. Ancora oggi i grandi traffici di armi avvengono per iniziativa di governi che sono tra i firmatari dell'Agenda. Come si può chiedere così ingenuamente la riduzione del commercio illegale di armi senza offendere le vittime di tali traffici tra cui troviamo anche i guerrieri bambini che si dichiara di voler difendere al punto numero **2** di questo goal?

Si parla poi di "istituzioni solide" che dovranno essere ottenute con l'adesione a una "governance globale", termine che indica un'omologazione globale a una determinata idea di società. Il particolare riferimento ai paesi in via di sviluppo fa intendere che questi dovranno ovviamente uniformarsi alle regole imposte dai paesi sviluppati e dovranno anche accettare l'ingerenza di organizzazioni non governative e di imprese nella vita sociale.

In questo mondo dove i problemi dei traffici illeciti di armi e denaro non saranno stati risolti, dove gli abusi sui minori e le moderne schiavitù non saranno eliminate, si potrà comunque avere un'identità giuridica per tutti che non potrà che essere una identità digitale. Per la scadenza del 2030 la popolazione non avrà risolto i problemi, ma sarà controllata e soggetta a punizioni immediate. Solamente i comuni cittadini potranno essere raggiunti dalla giustizia e il rispetto della legge da parte della grande criminalità non sarà ottenuto, tuttavia resteranno in vigore mezzi di controllo e punizione capillari e immediati.

Testo dell'Agenda al punto 16
16.1 Ridurre significativamente in ogni dove tutte le forme di violenza e i tassi di mortalità connessi.
16.2 Eliminare l'abuso, lo sfruttamento, il traffico e tutte le forme di violenza e tortura contro i bambini.
16.3 Promuovere lo stato di diritto a livello nazionale e internazionale e garantire parità di accesso alla giustizia per tutti.
16.4 Entro il 2030, ridurre in modo significativo i flussi finanziari e di armi illeciti, rafforzare il recupero e la restituzione dei beni rubati e combattere tutte le forme di criminalità organizzata.
16.5 Ridurre sostanzialmente la corruzione e la concussione in tutte le loro forme.
16.6 Sviluppare istituzioni efficaci, responsabili e trasparenti a tutti i livelli

16.7 Assicurare un processo decisionale reattivo, inclusivo, partecipativo e rappresentativo a tutti i livelli
16.8 Allargare e rafforzare la partecipazione dei paesi in via di sviluppo nelle istituzioni della governance globale.
16.9 Entro il 2030, fornire l'identità giuridica per tutti, compresa la registrazione delle nascite.
16.10 Garantire l'accesso del pubblico alle informazioni e proteggere le libertà fondamentali, in conformità con la legislazione nazionale e con gli accordi internazionali.
16.a Rafforzare le istituzioni nazionali, anche attraverso la cooperazione internazionale, per costruire maggiore capacità a tutti i livelli, in particolare nei paesi in via di sviluppo, per prevenire la violenza e combattere il terrorismo e la criminalità.
16.b Promuovere e far rispettare le leggi e le politiche non discriminatorie per lo sviluppo sostenibile.

Analisi degli obiettivi del punto 16

Al goal **16** per la prima volta compare il tema della giustizia. Un tema generico e sicuramente importante per tutte le società umane. Va osservato però che dopo aver affrontato in vari modi le diverse emergenze legate all'ambiente e alle condizioni di vita nei diversi paesi del mondo, il tema del rapporto con la legge e le misure di polizia viene posto quasi alla fine. Ciò porta a considerare quanto i punti precedenti, per essere raggiunti, potrebbero necessitare di leggi apposite e relative misure coercitive.

Il goal inizia con il punto **16.1** dove si propone di "**Ridurre significativamente in ogni dove tutte le forme di violenza e i tassi di mortalità connessi**", chi mai potrebbe non essere d'accordo? Detto così però, si espone un proposito estremamente vago e quasi ingenuo, ma andiamo avanti e cerchiamo di capire meglio cosa si vuole proporre.

Al punto **16.2** leggiamo "**Eliminare l'abuso, lo sfruttamento, il traffico e tutte le forme di violenza e tortura contro i bambini**".
Questo proposito dovrebbe essere accompagnato da una denuncia contro lo sfruttamento del lavoro minorile del quale troviamo un esempio molto grave riguardo l'estrazione del litio, magnesio, coltan etc. minerali fondamentali per la costruzione di dispositivi elettronici necessari alla "transizione green" e alla digitalizzazione in generale. La situazione nelle miniere in Congo è ben conosciuta ed è decisamente drammatica. Lo sfruttamento del lavoro minorile è presente anche in paesi che forniscono prodotti finiti ad aziende che poi li vendono sul mercato occidentale. Sostenere questo punto senza denunciare quanto sopra, appare nel migliore dei casi ingenuo e nel peggiore ipocrita.

Per quel che riguarda la questione gravissima delle violenze contro i bambini, la volontà di intervenire non appare affatto così chiara. Nel luglio del 2023 è stato distribuito un film di denuncia contro il traffico di bambini, il riferimento è *Sound of Freedom* di Mel Gibson al quale hanno fatto seguito accuse di cospirazionismo e di essere ispirato alle idee del movimento QAnon; le violenze contro i bambini vanno condannate tranne quando vengono effettivamente denunciate.

Al punto **16.3** troviamo il seguente proposto: "**Promuovere lo stato di diritto a livello nazionale e internazionale e garantire parità di accesso alla giustizia per tutti**".
Lo stato di diritto si impegna a garantire la sua azione nei termini dei diritti riconosciuti e della legalità, in definitiva un contenitore colorato ma vuoto dove si può inserire qualunque cosa venga definita come "diritto" e "legge". Non si garantisce nulla se non il fatto che l'autorità definisca dei principi e li faccia rispettare. In una società mossa dall'ideologia neoliberista, il diritto tende a coincidere con la legge della competizione e lo Stato deve quindi garantire il diritto alla libera concorrenza ovvero controllare che non ci siano aiuti

pubblici alle imprese e ridurre quindi il welfare. Come si vede l'obiettivo di uno "Stato di diritto" non garantisce nulla e potrebbe persino aprire a una legislazione coercitiva riguardo alle tematiche esposte nei punti precedenti.

Ingenuo al limite dell'imbarazzante è il punto **16.4** in cui troviamo "**ridurre in modo significativo i flussi finanziari e di armi illeciti, rafforzare il recupero e la restituzione dei beni rubati e combattere tutte le forme di criminalità organizzata**".
Un proposito che avrebbe senso solo se fino a oggi non fosse mai esistito alcun impegno da parte delle forze di polizia e della magistratura nel combattere questi fenomeni. Secondo gli estensori dell'Agenda sarà possibile ottenere tutto questo entro i prossimi sette anni!
Un proposito onesto avrebbe dovuto vedere in prima battuta la denuncia dei "paradisi fiscali" nei quali la grande criminalità opera indisturbata, realtà note a tutti come le già citate isole Cayman che sono invece sotto la tutela della Corona britannica. Se l'ONU non denuncia questo status quo, i suoi propositi sono vuoti.

Al **16.5** si parla di "**Ridurre sostanzialmente la corruzione e la concussione in tutte le loro forme**".
Ennesimo proposito che presuppone la mancata azione o incapacità delle autorità giudiziarie fino al 2020. La corruzione diffusa e capillare è inoltre una conseguenza della povertà poiché in condizioni di scarsezza di risorse cresce la tentazione da parte di pubblici ufficiali di accettare denaro in cambio di servizi dovuti. Nella sanità o nelle concessioni governative, per esempio, cresce la tentazione di ricorrere alla corruzione per far valere i propri diritti negati. La piccola e diffusa corruzione è quella che impatta maggiormente sulla vita della popolazione e ancora una volta nell'Agenda non troviamo le denunce che andrebbero fatte.

Al **16.6** troviamo uno dei numerosi passaggi dell'Agenda che evocano i buoni propositi citati nelle tracce dei temini d'italiano delle scuole medie: "**Sviluppare istituzioni efficaci, responsabili e trasparenti a tutti i livelli**", bello, tutti l'hanno sempre desiderato, come si fa per ottenerlo?

Particolarmente interessante è il punto **16.7** dove si legge "**Assicurare un processo decisionale reattivo, inclusivo, partecipativo e rappresentativo a tutti i livelli**".

Il termine "inclusivo" genera la solita confusione sul suo effettivo significato. Non è poi chiaro cosa si intenda per "processo decisionale reattivo'", come se ogni decisione non fosse la reazione a una particolare situazione. In seguito arriva il termine "partecipativo'" che è centrale per chiarire cosa si intenda attuare con il punto in questione.

La partecipazione "a tutti i livelli" significa che le decisioni riguardanti la comunità vengono prese non solo dagli organi pubblicamente eletti ma anche dalle aziende presenti sul territorio. È ciò che viene chiamato "Stakeholder Capitalism" o "Stakeholder Economy'" un sistema che nonostante ne sia l'esatto opposto, viene presentato come un capitalismo dal volto buono che si preoccupa del benessere delle persone invece che solamente di massimizzare i guadagni degli stakeholders/azionisti . Di fatto questo è un modo per entrare in maniera non democratica nei processi decisionali che riguardano la cittadinanza, dalla scuola alle infrastrutture e in ogni altro aspetto della vita sociale.

Con i processi decisionali "inclusivi" e "partecipativi" l'influenza delle lobbies diventa istituzionalizzata e quella che in passato sarebbe stata considerata un'indebita ingerenza nella vita democratica, diventa così riconosciuta e accettata da tutti.

Il capitalismo che si preoccupa del benessere della popolazione non è solo una novità ma una contraddizione con tutto quello che è avvenuto in passato e ancora oggi avviene. È una contraddizione interna insormontabile mettere insieme la ricerca del massimo profitto e le politiche di welfare con il benessere della popolazione.

Al **16.8** l'Agenda si propone di "**Allargare e rafforzare la partecipazione dei paesi in via di sviluppo nelle istituzioni della governance globale**".
Le istituzioni di "governance" svolgono il ruolo di forzare le decisioni dei parlamenti democraticamente eletti nella direzione di politiche predeterminate. Si tenta di istituire dei "vincoli esterni"che costituiscano una specie di pilota automatico delle politiche dei vari governi.
È proprio il concetto di "governance" nato in campo aziendale a ridurre la politica a una gestione aziendale e a essere il contrario della democrazia e dell'autodeterminazione dei popoli.

Un altro passo importante viene indicato al **16.9**: "**fornire l'identità giuridica per tutti, compresa la registrazione delle nascite**".
È evidentemente un'ovvietà, quasi non ci sarebbe bisogno di dirlo, l'identità giuridica nella Quarta Rivoluzione Industriale sarà anche un'Identità Digitale. Questo punto dell'Agenda non appare rivolto ai paesi in via di sviluppo in cui ancora mancano le infrastrutture tecnologiche necessarie a supportarlo, piuttosto si rivolge a quelli industrializzati. Con l'Identità Digitale la giustizia sarebbe messa in grado di comminare le sanzioni in modo diretto limitando la possibilità di accesso sia nei luoghi fisici, sul modello del Green Pass, che in quelli virtuali come banche e servizi online.

Arriviamo infine all'ultimo punto, il **16.10**, dove viene detto "**Garantire l'accesso del pubblico alle informazioni e proteggere le libertà fondamentali, in conformità con la legislazione nazionale e con gli accordi internazionali**".
Questo punto, applicato in un'epoca in cui sotto la dicitura di *fake news* l'informazione è solo quella dettata dall'autorità dei grandi media, appare quantomeno illusorio. Negli ultimi anni

le informazioni a cui hanno avuto accesso gli utenti di Facebook e X (ex Twitter) sono unicamente state quelle non sottoposte alla censura che il governo USA chiedeva e otteneva sistematicamente (pratica rivelata dal nuovo proprietario Elon Musk attraverso i noti "twitter files" dove fra il dicembre 2022 e il marzo 2023 Musk rende pubblici una serie di documenti e comunicazioni interne intercorse fra i dirigenti del social network e membri del governo che impartivano, in maniera del tutto arbitraria, direttive su quali argomenti o utenti andassero silenziati. Memorabili sono anche state le scuse ufficiali del proprietario di Facebook Mark Zuckerberg a tutti gli utenti del suo social per aver manipolato e censurato moltissime informazioni relative alla pandemia e la sua gestione).

Le informazioni classificate come "negazioniste" o "teorie del complotto" da autoproclamatisi fact checkers, perdono il diritto di essere anche solo discusse. Tolta la libertà al diritto all'informazione, delle libertà fondamentali resta molto poco.

Il riferimento agli "accordi internazionali'" va poi letto come una cessione di sovranità anche in questo campo; gli organi elettivi democratici potranno essere scavalcati da enti sovranazionali non elettivi ma che diventano riferimento legislativo come vincoli esterni non discutibili.

Analisi degli strumenti di attuazione del punto 16

Venendo alle soluzioni proposte abbiamo il punto **16.a**: "**Rafforzare le istituzioni nazionali, anche attraverso la cooperazione internazionale, per costruire maggiore capacità a tutti i livelli, in particolare nei paesi in via di sviluppo, per prevenire la violenza e combattere il terrorismo e la criminalità**".

I paesi in via di sviluppo dovranno dunque essere sottomessi a politiche imposte da altri paesi. La "cooperazione internazionale", in un contesto dove la definizione di "terrorismo" può essere applicata a qualsiasi movimento di opposizione e la libertà di opinione negata con i meccanismi

sopra esposti, è propedeutica alla classificazione come "terroristi" o "criminali" di eventuali dissidenti.
Il timore espresso riguardo al punto **16.a** viene confermato al **16.b**: **"promuovere e far rispettare le leggi e le politiche non discriminatorie per lo sviluppo sostenibile"**.
La giustizia viene infine indicata come qualcosa che deve far rispettare le "leggi per lo sviluppo sostenibile". Tutto quello che abbiamo visto nei punti dell'Agenda dovrà essere imposto per legge. Siamo di fronte a un programma pensato e scritto da enti non democratici, da personaggi non eletti da nessuno, eppure il non adeguarsi alla Agenda verrà punito a norma di legge e seguendo una tendenza già visibile in paesi come la Cina applicando i moderni metodi del Social Credit System evoluzione naturale dell'Identità Digitale. La "sostenibilità", con tutte le implicazioni che sono state esposte nei punti precedenti, alla fine dell'elencazione dei punti dell'Agenda 2030 non appare più un traguardo virtuoso a cui tendere ma emerge come l'imposizione di un aspetto ritenuto fondamentale per la società del futuro.

AGENDA 2030
PUNTO 17
PARTNERSHIP PER GLI OBIETTIVI

Analisi del punto 17
Con il goal numero **17** si conclude l'Agenda. Questo punto è diverso dagli altri poiché non si occupa di un problema da risolvere ma di come attuare l'intera Agenda presentata nei punti precedenti. Altra differenza rispetto ai precedenti è che viene diviso in due parti, **17/1 e 17/2**, trasmettendo anche l'idea di quanta importanza venga attribuita a quest'ultima parte.

Altra differenza da notare è la suddivisione in paragrafi che segnano i diversi campi di intervento. Viene mostrato in modo chiaro dove si andrà effettivamente ad agire a prescindere dagli obiettivi dichiarati. Quanto verrà fatto non otterrà la soluzione dei problemi indicati ma lascerà dietro di sé profondi cambiamenti sociali.

Dal punto di vista economico si parte subito male. La prima cosa da fare per realizzare l'Agenda sarà quella di attuare una stretta fiscale, si parla infatti di "capacità interna di riscossione delle imposte e di "altre forme", ovvero nuove tasse. Da parte loro i paesi sviluppati dovranno garantire l'impiego di una parte del proprio reddito per aiutare i paesi poveri ad attuare l'Agenda. Anche qui, evidentemente, le risorse verranno prese dalle tasse dei cittadini e stornate dalle opere pubbliche da realizzare; l'importante sarà realizzare l'Agenda. Secondo una prassi consolidata, buona parte di questi finanziamenti non verrà data direttamente ai governi ma servirà a finanziare delle ONG (Organizzazioni Non Governative) che agiscono senza alcun mandato elettorale imponendo agende di ogni tipo. La denominazione "non governativa" ci dice che si occupano di cose di pertinenza dei governi invadendone il campo d'azione.

Se gli aiuti da parte dei paesi sviluppati saranno gentilmente offerti a fondo perduto dai contribuenti, le cose andranno diversamente nel caso delle banche dove si specifica che "bisogna accertarsi della sostenibilità del debito". Troviamo ancora una volta questo termine "sostenibilità" e ancora una volta le parole non sono casuali; un debito secondo l'Agenda deve essere "sostenibile", non "eliminato". L'interesse dei paesi che ricevono finanziamenti sarebbe quello di poterli restituire interamente ed estinguerli con gli introiti del loro sviluppo, l'interesse della finanza è invece di far sì che un paese sia debitore per sempre in modo tale da garantirsi una rendita a tempo indeterminato. Questo problema è ben noto agli autori dell'Agenda. In passato sono stati infatti finanziati progetti la cui realizzazione non avrebbe mai permesso di ripagare il prestito, ostacolo principale per i paesi in via di sviluppo e l'ONU sembra intenzionata a mantenere attivo tale meccanismo di usura internazionale.

Sotto l'aspetto della tecnologia, questo punto **17** fornisce come indicazione di una condivisione della tecnologia che ovviamente sarà quella necessaria per la realizzazione degli obiettivi dell'Agenda stessa. Viene confermato con il riferimento finale alla *Banca della Tecnologia* che è stata istituita dall'ONU proprio per finanziare l'Agenda 2030.

Tradotto in termini chiari, il riferimento è alle tecnologie Green. I paesi poveri, in accordo con quelli ricchi, dovranno impegnarsi a ristrutturare le loro economie secondo i dettami dell'ecologismo imperante negli ambienti ONU; l'energia abbondante e a basso costo che spesso è disponibile nel loro sottosuolo, non dovrà essere utilizzata per far posto a tecnologie costose e poco efficienti oltre che fragili e quindi inaffidabili. La rinuncia al petrolio porterà a una crisi energetica e, a seguire, a una crisi alimentare di dimensioni notevoli.

Il miglioramento delle tecnologie dell'informazione poco potrà fare contro la crisi alimentare.

Sarà però utile nell'implementazione dei sistemi di controllo della popolazione come l'istituzione di ZTL e città da 15 minuti che sono anch'esse ritenute indispensabili per contrastare i cambiamenti climatici ovviamente causati dalla popolazione stessa.

È interessante notare come il punto **17.9** dedicato alle "competenze e capacità", ripeta praticamente le stesse indicazioni del punto **17.6** dedicato alla "tecnologia". Gli insegnanti non faranno fatica a riconoscere nella triade tecnologia-competenze-capacità la stessa triade conoscenze-competenze-capacità che da diversi anni viene imposta nel sistema di istruzione del nostro paese. Siamo evidentemente di fronte a uno schema generale che è di moda nell'ambito delle istituzioni internazionali.

Di centrale importanza in questo goal è il riferimento alla conferenza di Doha (punto **17.10**) che si tenne nel 2001 in seguito alle proteste dei paesi in via di sviluppo nei confronti del processo di globalizzazione emerso nella conferenza di Seattle del 1999.

Ricordiamo che fu proprio a Seattle che ebbe inizio il movimento *No Global* che denunciava la globalizzazione realizzata sullo sfruttamento del lavoro minorile dei paesi poveri, sull'inquinamento degli stessi paesi sfruttati, sulle guerre provocate per generare instabilità, sui prestiti usurai a economie deboli rese incapaci di risollevarsi. In poche parole la conferenza di Doha avrebbe dovuto risolvere gli stessi problemi esposti nell'Agenda 2030 ma le trattative non sono mai andate a termine. Tutto questo getta una luce molto negativa sull'intero progetto dell'Agenda: se i problemi erano stati posti nel 2001 e non si sono mai trovati accordi, cosa ci fa pensare che grazie all'Agenda questo potrà adesso avvenire?

I propositi dell'Agenda sono irrealizzabili nei tempi proposti anche se ci fossero dietro delle idee strutturate che invece mancano. Si afferma di voler risolvere i problemi denunciati dai No Global ma di fatto si porta avanti la globalizzazione. L'Agenda 2030 appare quindi come un modo per presentare una non realistica soluzione dei problemi mentre si compie la globalizzazione; alla fine del decennio 2020-2030 i paesi poveri saranno sempre più impoveriti dalle folli politiche energetiche denominate "Green" ma l'impalcatura della Quarta Rivoluzione Industriale, che incorpora la globalizzazione, sarà stata edificata. L'Agenda 2030 appare come un modo per silenziare le proteste dei paesi poveri e attuare il programma bloccato a Seattle nel 1999.

Ricordiamo che dopo Seattle venne il G8 di Genova che nel luglio 2001 vide le note manifestazioni infiltrate dai Black Block.

Alla luce di questa necessità di dare una parvenza di soddisfazione alle richieste dei paesi poveri avanzate a Seattle e disattese a Doha, si comprende l'insistenza su questioni come il "partenariato" e il "coordinamento", parole destinate a restare senza attuazione ma funzionali a salvare le apparenze.

Una volta falliti gli obiettivi irrealizzabili che potremmo definire dei "buoni sentimenti", cosa resterà dell'Agenda 2030?

Il goal **17** si chiude annunciando il proposito di effettuare una grande schedatura generale della popolazione "(...) **aumentare in modo significativo la disponibilità di dati di alta qualità, tempestivi e affidabili disaggregati in base al reddito, sesso, età, razza, etnia, status migratorio, disabilità, posizione geografica e altre caratteristiche rilevanti in contesti nazionali"**.

La realizzazione di una banca dati dettagliata è sempre stata una delle caratteristiche dei moderni sistemi totalitari. Il precedente più conosciuto è l'impiego degli elaboratori IBM da parte della Germania degli anni '30 che a sua volta era stata ispirata dal *Jamaica Project*, un piano per la schedatura degli abitanti della Giamaica attuato dagli USA nel 1926.

"Non avrai niente e sarai felice", recita il noto slogan del WEF, manca una cosa ancora: sarai controllato.

Testo dell'Agenda al punto 17/1

Finanza

17.1 Rafforzare la mobilitazione delle risorse interne, anche attraverso il sostegno internazionale ai Paesi in via di sviluppo, per migliorare la capacità interna di riscossione di imposte e altre forme di entrate.

17.2 I Paesi sviluppati adempiano pienamente ai loro obblighi di aiuto pubblico allo sviluppo, tra cui l'impegno da parte di molti Paesi sviluppati di raggiungere l'obiettivo dello 0,7 per cento di APS/RNL[1] per i Paesi in via di sviluppo e da 0,15 a 0,20 per cento di APS/RNL per i Paesi meno sviluppati; i donatori di APS sono incoraggiati a prendere in considerazione la fissazione dell'obiettivo di fornire almeno 0,20 per cento di APS/RNL per i Paesi meno sviluppati.

17.3 Mobilitare ulteriori risorse finanziarie per i Paesi in via di sviluppo da più fonti.

17.4 Aiutare i Paesi in via di sviluppo a raggiungere la sostenibilità del debito a lungo termine attraverso politiche coordinate volte a favorire il finanziamento del debito, la riduzione del debito e la ristrutturazione del debito, se del caso, e affrontare il debito estero dei paesi poveri fortemente indebitati in modo da ridurre l'emergenza del debito.

17.5 Adottare e applicare i regimi di promozione degli investimenti a favore dei paesi meno sviluppati.

Tecnologia
17.6 Migliorare la cooperazione Nord-Sud, Sud-Sud e quella triangolare in ambito regionale ed internazionale e l'accesso alla scienza, alla tecnologia e all'innovazione e migliorare la condivisione delle conoscenze sulle condizioni reciprocamente concordate, anche attraverso un maggiore coordinamento tra i meccanismi esistenti, in particolare a livello delle Nazioni Unite, e attraverso un meccanismo di facilitazione globale per la tecnologia.

17.7 Promuovere lo sviluppo, il trasferimento, la disseminazione e la diffusione di tecnologie ecocompatibili ai paesi in via di sviluppo a condizioni favorevoli, anche a condizioni agevolate e preferenziali, come reciprocamente concordato.

17.8 Rendere la Banca della Tecnologia e i meccanismi di sviluppo delle capacità scientifiche, tecnologiche e di innovazione completamente operativi per i paesi meno sviluppati entro il 2017, nonché migliorare l'uso delle tecnologie abilitanti, in particolare le tecnologie dell'informazione e della comunicazione.

Analisi delle indicazioni del punto 17/1
L'ultimo punto dell'Agenda si occupa di individuare le "partnership" e **"Rafforzare i mezzi di attuazione e rinnovare il partenariato mondiale per lo sviluppo sostenibile"**.
Come si vede la questione della "sostenibilità" è il tema centrale dell'intera Agenda, un programma di ristrutturazione economica e sociale che si può largamente sovrapporre alla "transizione green" che ne rappresenta l'effettiva attuazione. Che il partenariato sia ritenuto di particolare importanza è evidenziato dal fatto che sia l'unico dei diciassette punti suddiviso in due parti.

Al punto **17.1** troviamo **"Rafforzare la mobilitazione delle risorse interne, anche attraverso il sostegno internazionale ai Paesi in via di sviluppo, per migliorare la capacità interna di riscossione di imposte e altre forme di entrate"**.
Interessante che per conseguire gli obiettivi dello "sviluppo sostenibile", al primo posto venga messa l'efficienza del sistema fiscale. Si parla di "mobilitazione delle risorse interne" e il sostegno internazionale in questo caso deve esser dato per il miglioramento della riscossione delle tasse e altre forme di entrate che si possono facilmente individuare in altri tipi di prelievo fiscale e accise. Il problema dei paesi del Terzo Mondo appare quindi essere l'evasione fiscale, giudizio questo dal sapore vagamente razzista giacché riversa sulla popolazione dei paesi poveri la colpa del loro sottosviluppo. Ma a cosa serva il rafforzamento del sistema fiscale si capirà meglio più in là.

17.2 "I Paesi sviluppati adempiano pienamente ai loro obblighi di aiuto pubblico allo sviluppo, tra cui l'impegno da parte di molti Paesi sviluppati di raggiungere l'obiettivo dello 0,7 per cento di APS/RNL[1] per i Paesi in via di sviluppo e da 0,15 a 0,20 per cento di APS/RNL per i Paesi meno sviluppati; i donatori di APS sono incoraggiati a prendere in considerazione la fissazione dell'obiettivo di fornire almeno 0,20 per cento di APS/RNL per i Paesi meno sviluppati".

Il riferimento all'APS/RNL è all'Aiuto Pubblico allo Sviluppo/Reddito Nazionale Lordo, cioè quanto i paesi sviluppati devono dare a quelli poveri per aiutarli a svilupparsi, ma attenzione, non si tratta di soldi dati ai paesi poveri ma di denaro dato alle ONG per portare avanti i loro programmi nei paesi poveri. Le ONG, per loro natura, sono organizzazioni che si qualificano "non governative" si dovrebbero quindi occupare di questioni di cui il governo non può o non riesce a occuparsi, tuttavia fanno l'esatto opposto spesso addirittura sostituendosi al governo stesso. Di fatto le ONG costituiscono un'ingerenza non democratica nella vita di interi stati imponendo modelli sociali e progetti pensati altrove. Siamo qui di fronte a una vera fase operativa con la quale si esce dalla vaghezza dei punti precedenti e si mostra una prospettiva chiara; tassare i contribuenti per finanziare le ONG.

Al **17.3** troviamo **"Mobilitare ulteriori risorse finanziarie per i Paesi in via di sviluppo da più fonti"** che completa il punto precedente inserendo l'idea di finanziare le ONG anche con fondi privati che possiamo facilmente individuare in varie "Fondazioni di filantropi" come la *Bill e Melinda Gates Foundation* o la *Open Society Foundations*, la *Rockefeller Foundation* e così via. In questo modo non solo ai paesi poveri vengono imposti programmi provenienti da governi stranieri, ma subiscono programmi decisi da corporations private che sotto la voce "filantropia" stabiliscono cosa sia giusto o no per

intere nazioni. Evidentemente una forma molto subdola di neocolonialismo che va da quello economico a quello culturale.
Veniamo ora al punto **17.4** dove si legge **"Aiutare i Paesi in via di sviluppo a raggiungere la sostenibilità del debito a lungo termine attraverso politiche coordinate volte a favorire il finanziamento del debito, la riduzione del debito e la ristrutturazione del debito, se del caso, e affrontare il debito estero dei paesi poveri fortemente indebitati in modo da ridurre l'emergenza del debito"**.

Questo punto si raccorda con il **17.1** e fa comprendere a cosa servono le tasse per i paesi poveri. Lo scopo è raggiungere la "sostenibilità del debito a lungo termine", ovvero assicurarsi che i paesi che hanno contratto dei debiti con le banche estere siano in grado di pagare gli interessi che a loro volta devono essere praticamente inestinguibili venendo definiti "a lungo termine".
Si parla di "riduzione del debito o ristrutturazione" nel caso i paesi interessati fossero in difficoltà, ma il debito deve essere una componente strutturale delle loro economie. Debiti che devono essere ripagati in dollari e che per essere concessi richiedono spesso la concessione di trattamenti di favore verso le multinazionali. Il debito è il cappio con il quale i paesi del Terzo Mondo vengono tenuti nella condizione di colonie e l'Agenda 2030 prevede che questa situazione non solo venga mantenuta ma persino rafforzata.

Il **17.5** è un vago **"Adottare e applicare i regimi di promozione degli investimenti a favore dei paesi meno sviluppati"**, investimenti che stando a quanto sinora accaduto, sono finalizzati ad attività di multinazionali che impiegano manodopera a basso costo e i cui ricavi vengono esportati verso i paesi dove si trova la sede legale.

Al **17.6 "Migliorare la cooperazione Nord-Sud, Sud-Sud e quella triangolare in ambito regionale ed internazionale e**

l'accesso alla scienza, alla tecnologia e all'innovazione e migliorare la condivisione delle conoscenze sulle condizioni reciprocamente concordate, anche attraverso un maggiore coordinamento tra i meccanismi esistenti, in particolare a livello delle Nazioni Unite, e attraverso un meccanismo di facilitazione globale per la tecnologia".
Migliorare l'accesso alla "scienza" è una frase in sé errata poiché "la scienza" in sé non esiste. Si può parlare di "ricerca scientifica", ma non è questo il termine adottato in questo punto. Cosa s'intende quindi per "accesso alla scienza"?

Facendo riferimento all'impiego che viene attualmente fatto di questo termine, possiamo dedurre che per "scienza" si intenda una serie di affermazioni non discutibili e che per la loro dichiarata necessità, devono diventare delle linee guida nelle decisioni dei governi. Essendo lo sviluppo "sostenibile" la colonna portante dell'Agenda, si può pensare che la "scienza" a cui si fa riferimento sia quella che impone le emergenze che vanno da quella climatica a quelle sanitarie. La tecnologia e l'innovazione dovranno servire ai cambiamenti imposti dalla "scienza'".

Al punto **17.7** si legge "**Promuovere lo sviluppo, il trasferimento, la disseminazione e la diffusione di tecnologie ecocompatibili ai paesi in via di sviluppo a condizioni favorevoli, anche a condizioni agevolate e preferenziali, come reciprocamente concordato**".
Le tecnologie definite "ecocompatibili", se facciamo riferimento alla produzione di energia elettrica, sono particolarmente onerose anche per i paesi industrializzati; solo una parte della produzione può essere affidata al fotovoltaico o all'eolico. Si tratta di tecnologie che anche dove impiegate, richiedono una forte integrazione con forme convenzionali e un grande utilizzo di carbone e gas naturale insieme al nucleare. Chiedere che i paesi poveri usino in modo diffuso queste fonti energetiche significa chiedergli di rinunciare allo sviluppo. Se il riferimento è a tecnologie riguardanti la produzione industriale, questo ci

riconduce sempre alla produzione elettrica perché non è data industrializzazione senza un massiccio sviluppo di centrali elettriche.

Al **17.8** si legge "**Rendere la Banca della Tecnologia e i meccanismi di sviluppo delle capacità scientifiche, tecnologiche e di innovazione completamente operativi per i paesi meno sviluppati entro il 2017** (n.d.r l'Agenda è stata sottoscritta nel 2015), **nonché migliorare l'uso delle tecnologie abilitanti, in particolare le tecnologie dell'informazione e della comunicazione**".

La Banca della Tecnologia è stata istituita dall'ONU e nella relativa pagina internet si può trovare quale sia il suo impiego: "intraprende iniziative per stimolare la produzione di ricerca di alta qualità in questi paesi attraverso lo sviluppo delle capacità e la promozione della collaborazione di ricerca internazionale, sia Sud-Sud che Sud-Nord. Il lavoro della UN Technology Bank supporta direttamente un'ampia gamma di SDG. L'elenco che segue include gli SDG che si allineano strettamente con le nostre priorità strategiche per lo sviluppo sostenibile".

SDG sta per Sustainable Development Goals (Obiettivi per lo sviluppo sostenibile) che sono i 17 punti stessi dell'Agenda 2030, ovvero una banca istituita per finanziare gli obiettivi dell'Agenda.

Testo dell'Agenda al punto 17/2

COSTRUZIONE DI COMPETENZE E CAPACITA'
17.9 Rafforzare il sostegno internazionale per l'attuazione di un sistema di costruzione delle capacità efficace e mirato nei paesi in via di sviluppo per sostenere i piani nazionali di attuazione di tutti gli obiettivi di sviluppo sostenibile, anche attraverso la cooperazione nord-sud, sud-sud e triangolare.

COMMERCIO
17.10 Promuovere un sistema commerciale multilaterale universale, basato su regole, aperto, non discriminatorio ed equo nell'ambito dell'Organizzazione mondiale del commercio, anche attraverso la conclusione dei negoziati dell'agenda di Doha per lo sviluppo.

17.11 Aumentare in modo significativo le esportazioni dei paesi in via di sviluppo, in particolare al fine di raddoppiare la quota delle esportazioni mondiali dei paesi meno sviluppati entro il 2020

17.12 Realizzare una tempestiva attuazione di un mercato senza dazi e l'accesso al mercato senza contingenti di importazione su base duratura per tutti i paesi meno sviluppati, in linea con le decisioni dell'Organizzazione mondiale del commercio, anche assicurando che le regole di origine preferenziale applicabili alle importazioni dai paesi meno sviluppati siano trasparenti e semplici, e contribuire a facilitare l'accesso al mercato.

QUESTIONI SISTEMICHE
Coerenza politica e istituzionale
17.13 Migliorare la stabilità macro-economica globale, anche attraverso il
coordinamento e la coerenza delle politiche.

17.14 Migliorare la coerenza delle politiche per lo sviluppo sostenibile.

17.15 Rispettare lo spazio politico di ciascun paese e la leadership per stabilire e attuare politiche per l'eliminazione della povertà e per lo sviluppo sostenibile.
Partenariati multilaterali
17.16 Migliorare il partenariato globale per lo sviluppo sostenibile, integrato da partenariati multilaterali che mobilitino e condividano le conoscenze, le competenze, le tecnologie e le risorse finanziarie, per sostenere il raggiungimento degli obiettivi di sviluppo sostenibile in tutti i paesi, in particolare i paesi in via di sviluppo.
17.17 Incoraggiare e promuovere efficaci partenariati tra soggetti pubblici, pubblico- privati e nella società civile, basandosi sull'esperienza e sulle strategie di accumulazione di risorse dei partenariati dati, il monitoraggio e la responsabilità.
17.18 Entro il 2020, rafforzare il meccanismo di supporto delle capacità per i paesi in via di sviluppo, anche per i paesi meno sviluppati e i piccoli Stati insulari in via di sviluppo, per aumentare in modo significativo la disponibilità di dati di alta qualità, tempestivi e affidabili disaggregati in base al reddito, sesso, età, razza, etnia, status migratorio, disabilità, posizione geografica e altre caratteristiche rilevanti in contesti nazionali.
17.19 Entro il 2030, costruire, sulle base delle iniziative esistenti, sistemi di misurazione dell'avanzamento verso lo sviluppo sostenibile che siano complementari alla misurazione del PIL e sostenere la creazione di capacità statistiche nei paesi in via di sviluppo.

Il punto 17 prosegue nella seconda parte suddividendo per sotto argomenti di ciò il primo è :

COSTRUZIONE DI COMPETENZE E CAPACITÀ

Questo punto viene esposto in un unico paragrafo, il **17.9,** dove si afferma la necessità di "**Rafforzare il sostegno internazionale per l'attuazione di un sistema di**

costruzione delle capacità efficace e mirato nei paesi in via di sviluppo per sostenere i piani nazionali di attuazione di tutti gli obiettivi di sviluppo sostenibile, anche attraverso la cooperazione nord-sud, sud-sud e triangolare".
Le "competenze e capacità" a cui si fa riferimento somigliano tanto a quelle di cui si parla nelle riforme della scuola. "Competenze" e "capacità" nel dizionario Treccani sono utilizzate come sinonimi. Nel pensiero ministeriale sono invece due cose distinte. Senza entrare in questioni filosofiche, possiamo dire che queste riassumono l'aspettativa che qualcuno possa agire in un modo preorientato per realizzare un compito. Il punto in questione si propone quindi di uniformare, mediante un'azione internazionale, le misure che i differenti paesi dovranno adottare per attuare l'Agenda.
Il secondo sottoargomento è:

COMMERCIO

Che si suddivide in tre punti.
17.10 "Promuovere un sistema commerciale multilaterale universale, basato su regole, aperto, non discriminatorio ed equo nell'ambito dell'Organizzazione mondiale del commercio, anche attraverso la conclusione dei negoziati dell'agenda di Doha per lo sviluppo".
Qui si deve andare all'origine del discorso che va individuata nella non citata conferenza di Seattle del 1999, quella che sanciva la globalizzazione come trionfo del neoliberismo e che suscitò le proteste del movimento No-Global culminate nella grande manifestazione di Genova 2001 con i noti scontri tra Black Block e forze di polizia. Per porre rimedio ai problemi che sarebbero sorti proprio per i paesi poveri, venne indetta la citata Conferenza di Doha nel Qatar che avrebbe dovuto accogliere le loro richieste. Di fatto Doha è rimasta una conferenza incompiuta, conferma ne è il fatto che nel punto **17.10** dell'Agenda si parla proprio di "conclusione dei negoziati

dell'agenda di Doha per lo sviluppo". L'Agenda non fa che riproporre la globalizzazione di Seattle 1999 unendola a un buon proposito che nessuno vuole attuare dato che a vent'anni dall'inizio della Conferenza di Doha non si è ancora giunti alla sua conclusione.

Al punto 17.11 leggiamo **"Aumentare in modo significativo le esportazioni dei paesi in via di sviluppo, in particolare al fine di raddoppiare la quota delle esportazioni mondiali dei paesi meno sviluppati entro il 2020"**.

Questo punto, oltre a richiedere una macchina del tempo per attuarlo entro tre anni fa, senza ulteriori chiarimenti non significa molto. Se è vero che i paesi in via di sviluppo hanno chiesto proprio a Doha di vedere eliminati gli ostacoli alle loro esportazioni, va anche detto che se tali esportazioni fossero quelle legate alla restituzione dei prestiti effettuati dalla World Bank, si tratterebbe di facilitare un prelievo sottocosto di risorse naturali.

17.12 "Realizzare una tempestiva attuazione di un mercato senza dazi e l'accesso al mercato senza contingenti di importazione su base duratura per tutti i paesi meno sviluppati, in linea con le decisioni dell'Organizzazione mondiale del commercio, anche assicurando che le regole di origine preferenziale applicabili alle importazioni dai paesi meno sviluppati siano trasparenti e semplici, e contribuire a facilitare l'accesso al mercato".

Anche con questo punto siamo all'attuazione delle richieste fatte a Doha dai paesi meno sviluppati. Va detto però che se attuata l'eliminazione dei dazi, verrebbe a verificarsi una competizione tra lavoratori dei paesi industrializzati con quelli dei paesi poveri. Ciò comporterebbe il necessario ricorso a politiche di deflazione salariale impoverendo i lavoratori dei paesi sviluppati. Anche le spese per il welfare risentirebbero dell'eliminazione dei dazi poiché per abbassare il costo del lavoro sarebbe necessario ridurre i contributi per il Servizio Sanitario Nazionale.

Il terzo sotto argomento è:

QUESTIONI SISTEMICHE

Suddiviso a sua volta in tre sotto argomenti.
Coerenza politica e istituzionale
17.13 "Migliorare la stabilità macro-economica globale, anche attraverso il coordinamento e la coerenza delle politiche", si parla di "stabilità globale" e di "coordinamento e coerenza delle politiche", in poche parole si parla di spingere la globalizzazione.
17.14 "Migliorare la coerenza delle politiche per lo sviluppo sostenibile". La globalizzazione deve avvenire seguendo le linee guida imposte dallo "sviluppo sostenibile", che come abbiamo visto è economicamente insostenibile per i paesi poveri, bisogna lasciarli nel sottosviluppo in nome di emergenze che obbligano a costi energetici, quelli sì, insostenibili.
17.15 "Rispettare lo spazio politico di ciascun paese e la leadership per stabilire e attuare politiche per l'eliminazione della povertà e per lo sviluppo sostenibile".
Il Proposito di "rispettare lo spazio politico" e "la leadership" di ciascun paese suona come una *excusatio non petita*, un mettere le mani avanti negando a parole di compiere qualcosa che si ha intenzione di fare. Se i paesi saranno obbligati ad attuare le politiche dell'Agenda, perché fare un riferimento al "rispetto del loro spazio politico e alla loro leadership"? Le classi dirigenti dei paesi poveri saranno obbligate a fare scelte imposte dall'Agenda ONU. L'eliminazione della povertà e lo sviluppo sostenibile sono incompatibili e di conseguenza si potrà attuare solo uno dei due obiettivi.
L'ennesimo punto dell'Agenda proposto per fallire. La ricerca di uno sviluppo sostenibile manterrà poveri i paesi del Terzo Mondo e bassi i costi delle loro materie prime che non trovando impiego in quegli stessi paesi, prenderanno la via di quelli industrializzati.

Partenariati multilaterali
17.16 "**Migliorare il partenariato globale per lo sviluppo sostenibile, integrato da partenariati multilaterali che mobilitino e condividano le conoscenze, le competenze, le tecnologie e le risorse finanziarie, per sostenere il raggiungimento degli obiettivi di sviluppo sostenibile in tutti i paesi, in particolare i paesi in via di sviluppo**".
Con il termine "partenariato" si intende indicare degli accordi di libero scambio tra i diversi paesi. Ricorrono in questo punto ancora i termini "conoscenze" e "competenze" che vanno condivise e che, come visto in precedenza, significa uniformare le azioni a un modello unico che miri allo "sviluppo sostenibile". Ogni accordo internazionale dovrà essere conforme a questo obiettivo, in particolare per i paesi in via di sviluppo che vedranno ostacolato lo sviluppo stesso.
17.17 "**Incoraggiare e promuovere efficaci partenariati tra soggetti pubblici, pubblico- privati e nella società civile, basandosi sull'esperienza e sulle strategie di accumulazione di risorse dei partenariati dati, il monitoraggio e la responsabilità**".
I partenariati pubblico-privati rappresentano l'intervento di soggetti privati nella sfera delle istituzioni pubbliche ovvero un livello superiore della già citata *Stakeholder Economy* dove le attività e le scelte della popolazione vengono influenzate e almeno parzialmente decise dalle realtà industriali ed economiche presenti sul territorio.
17.18 "**Entro il 2020, rafforzare il meccanismo di supporto delle capacità per i paesi in via di sviluppo, anche per i paesi meno sviluppati e i piccoli Stati insulari in via di sviluppo, per aumentare in modo significativo la disponibilità di dati di alta qualità, tempestivi e affidabili disaggregati in base al reddito, sesso, età, razza, etnia, status migratorio, disabilità, posizione geografica e altre caratteristiche rilevanti in contesti nazionali**".

Qui si parla di poter disporre anche per piccoli paesi di una banca dati completa dei cittadini. Ancor di più si intravede una loro profilazione come avviene sui social; la rete ti conosce meglio di quanto tu conosca te stesso, per usare le parole del film *The social dilemma* del 2020.

I dati disaggregati sono quelli che andando oltre un'immagine complessiva, prendono in esame le singole componenti che formano quell'immagine, elementi conoscitivi che servono proprio per ottenere una profilazione dettagliata della popolazione che può spingersi fino a prevedere i comportamenti. Il presidente del WEF Klaus Schwab, in una intervista con Sergey Brin fondatore con Larry Page di Google, ha affermato che con la profilazione si potranno conoscere le intenzioni di voto degli elettori risparmiando di effettuare le elezioni che a quel punto saranno diventate una inutile perdita di tempo.

17.9 "Entro il 2030, costruire, sulle base delle iniziative esistenti, sistemi di misurazione dell'avanzamento verso lo sviluppo sostenibile che siano complementari alla misurazione del PIL e sostenere la creazione di capacità statistiche nei paesi in via di sviluppo".

Il controllo dello stato di avanzamento dell'Agenda dovrà essere reso disponibile mediante la creazione di sistemi di misurazione appositi, punto abbastanza ovvio quando si intraprende un progetto. La possibilità di conoscerne il grado di avanzamento è la premessa per programmare interventi laddove le cose non rispettassero la tabella di marcia. Quello che manca in quest'ultimo punto dell'Agenda, sono le misure che dovrebbero essere adottate per i paesi inadempienti.

INDICE

	Il contrasto all'Agenda 2030	1
	La Rivoluzione Agenda 2030: Il World Economic Forum ma in multicolor	5
	I goal dell'Agenda 2030	
1	Sconfiggere la povertà	17
2	Sconfiggere la fame	25
3	Salute e benessere	33
4	Istruzione di qualità	43
5	Parità di genere	53
6	Acqua pulita e aiuti igienico sanitari	61
7	Energia pulita e accessibile	69
8	Lavoro dignitoso e crescita economica	73
9	Imprese innovazione e infrastrutture	83
10	Ridurre le disugnlianze	91
11	Città comunità sostenibili	99
12	Consumo e produzione responsabili	109
13	Lotta contro il cambiamento climatico	117
14	La vita sott'acqua	123
15	La vita della Terra	131
16	Giustizia e istituzioni solide	141
17	Partnership per gli obiettivi	151

Printed in Great Britain
by Amazon